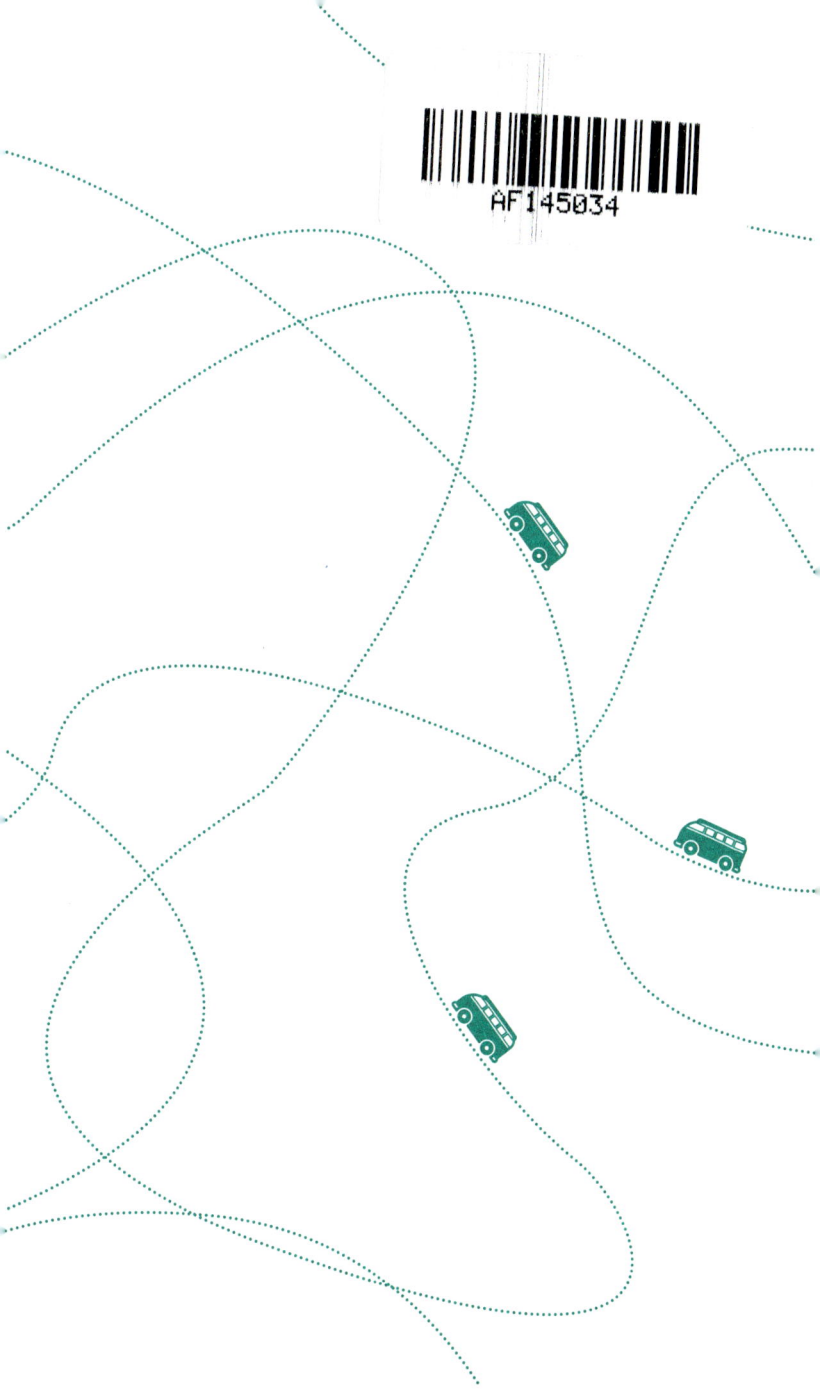

Isabel Speckmann

Die 500 besten
Camper
Hacks
die du kennen
musst

BRUCKMANN

INHALT

EINLEITUNG

Kaum eine andere Reiseform boomt seit Jahren so sehr wie der Camping-Urlaub im Reisemobil, Caravan, Kastenwagen oder Van. Und dieser Trend kommt nicht von ungefähr: Immer mehr Menschen haben Sehnsucht nach Urlaub abseits von Flughäfen, großen Hotelanlagen oder vorgeschriebenen Essenszeiten. Heute die Surfer an der Atlantikküste beobachten, morgen zwischen den Lavendelfeldern der Provence spazieren gehen und am Tag danach in einer Metropole shoppen gehen – genau diese Freiheit ist vielen Reisenden wichtig.

Damit auch Ihr Traum von sorgloser Freiheit in Erfüllung geht, kann ein wenig Vorbereitung auf den Camping-Urlaub nicht schaden. Die Improvisation auf der Reise kommt bei den allermeisten Campern ohnehin von ganz allein.

Mit den folgenden 500 Camping-Tipps, -Tricks und -Informationen möchte ich Sie durch die gesamte Camping-Saison begleiten, nützliche Hilfen zur Vorbereitung auf Ihren Camping-Urlaub geben und viele praktische Camping-Hacks für den „Vanlife"-Alltag liefern. Denn selbst wenn die Begriffe „Camping" und „Freiheit" in vielen Köpfen eng miteinander verbunden sind, gelten auch für uns Camper gewisse Regeln und Pflichten. Nur so kann Camping-Leidenschaft hoffentlich noch von vielen weiteren Generationen gelebt werden.

Es geschieht immer mal wieder, dass ich gefragt werde, warum es gerade eine Reisemobil-Tour sein muss. Ich glaube, wer einmal im kuscheligen Alkoven mit Wellenrauschen im Ohr eingeschlafen ist, wer einen kurzen Stopp eingelegt hat, um durch Lavendelfelder zu laufen, oder zusammen mit seinem Hund einen Sonnenaufgang direkt vom Reisemobil aus erlebt hat, versteht diese Liebe zum Campen ganz schnell.

Isabel Speckmann

Entspannte Stunden mit meinem Hund am Strand – so beginnt für mich ein perfekter Camping-Tag.

ALLGEMEINE TIPPS ZUR REISEPLANUNG

Vorfreude ist die schönste Freude ... und je früher Sie beginnen, sich mit Ihrem Camping-Urlaub zu beschäftigen, desto reibungsloser wird er dann auch ablaufen. Deshalb: Planen Sie im Voraus, wohin Sie fahren und was Sie sehen wollen. Wunderbare Einblicke liefert Ihnen heutzutage das Internet. Hier ein paar grundsätzliche Tipps, die Sie beachten sollten.

001 Nicht zu viele Kilometer

Moderne Camping-Fahrzeuge können mittlerweile relativ schnell fahren, dennoch ist so eine Tour nicht mit der Fahrt in einem Pkw vergleichbar. Man sollte deutlich längere Fahrtzeiten einplanen, um das Erlebnis Roadtrip auch wirklich genießen zu können. Sicherlich ist es auch mal möglich, z. B. eine Strecke von 800 bis 1000 Kilometer am Stück zu fahren, dann sollten aber einige entspannte Urlaubstage folgen. Eine Roadtrip-Planung mit gut 500 Kilometern pro Tag lässt keine Urlaubsstimmung aufkommen. Vor allem Camping-Anfänger planen gerne viel zu lange Touren innerhalb weniger Urlaubstage und bemerken unterwegs dann schnell, dass ihre Planung leider hinfällig ist.

002 Übernachtung im Voraus planen

Sehr sinnvoll ist es, bereits vor Reisebeginn die passenden Übernachtungsplätze fest einzuplanen. Vor allem während der Camping-Hauptsaison zwischen Ostern und Oktober empfiehlt es sich, wenn möglich, Übernachtungen auf Campingplätzen schon im Voraus zu reservieren.

003 Weniger ist mehr

Häufig ist die Verlockung groß, möglichst viele Sehenswürdigkeiten in einen Roadtrip einzuplanen. Allerdings kosten die Gegebenheiten vor Ort – etwa die Parkplatzsuche – oftmals viel Zeit. Besser ist es, weniger Sehenswürdigkeiten einzuplanen und dafür die Zeit vor Ort entspannt zu genießen.

Fremde Städte kennenzulernen ist wunderbar, sollte aber nicht in Stress ausarten.

004 Tägliche Ortswechsel vermeiden

Jeden Tag den Ort zu wechseln und fahren zu müssen, macht selbst auf einem Roadtrip nur wenig Spaß und lässt kaum Urlaubsstimmung aufkommen. Besser ist es, gute Standorte vorab zu wählen, an denen man einige Tage verweilen und von denen aus man kürzere Tagestouren unternehmen kann. Aber auch Ruhetage sollten auf einer Campingtour nicht fehlen.

005 Informationen herunterladen

Die meisten Campingplatz- bzw. Stellplatzführer gibt es mittlerweile auch als App für das eigene Mobiltelefon oder Tablet. Wenn man die Zeit vor der Reise nutzt und die Daten herunterlädt und speichert, hat man alle Informationen handlich auf dem Telefon und das Datenvolumen wird nicht mehr verbraucht.

TIPPS ZUR PACKLISTE

Camper, die zum ersten Mal mit einem Van, Wohnmobil oder Wohnwagen verreisen, stehen vor mehreren Fragen: Was muss unbedingt eingepackt werden? Welche Dinge sind besonders wichtig? Was benötigt man eigentlich für den Van, was für sich selbst und was für den Camping-Alltag? Die folgenden Packlisten geben eine gute Übersicht über alle wichtigen und unwichtigen Utensilien.

006 Rund ums Fahrzeug

- ✪ mindestens 25 Meter Stromkabel/Kabeltrommel (für draußen geeignet!)
- ✪ zwei CEE-Camping-Stromadapter (Verbindung Wohnmobil und Stromsäule)
- ✪ Gartenschlauch mit Verbindungsset zum Befüllen des Frischwassertanks
- ✪ Gießkanne oder Wasserkanister zum Nachfüllen von Kleinmengen
- ✪ zwei Gasflaschen, meist jeweils zu elf Litern, in kleinen Vans können es auch nur Fünf-Liter-Flaschen sein
- ✪ Zange zum Öffnen der Gasflaschen (die Verschlüsse verkanten häufig)
- ✪ Hammer zum Einschlagen der Markisenbefestigung im Boden
- ✪ Toilettenzusatz für das Camping-WC

007 Kleidung für jede Jahreszeit

- ✪ Generell empfehlenswert: Kleidung, die nicht knittert
- ✪ Allwetterjacke
- ✪ mindestens ein warme/r Pullover/Strickjacke (auch im Sommer)
- ✪ zwei Jacken, damit man zwischen nass und trocken wechseln kann
- ✪ Longsleeve
- ✪ T-Shirts
- ✪ lange Hose
- ✪ Shorts
- ✪ Unterwäsche
- ✪ Socken
- ✪ Jogginghose/Pyjama
- ✪ bequeme Schuhe: Sneaker, Flip-Flops/Sandalen

- Wasserschuhe/Badelatschen
- kann: ein Paar elegante Schuhe
- Badeanzug/Badehose

008 Produkte für den Camper-Alltag

- Handtücher
- Bettwäsche/Schlafsack
- Kissen
- Decke
- Rucksack
- Feuerzeug
- Teelichter
- Taschenlampe
- Camping-Laterne

009 Küchenutensilien

- Messer
- Schere
- Besteck
- Teller
- tiefe Teller/Müsli- oder Suppenschalen

- Gläser
- Pfannenwender
- Kelle
- Dosenöffner
- Flaschenöffner
- Pfanne
- Topf
- Sieb
- Spülmittel
- Spülbürste/Schwamm
- Trockentücher
- Küchenrolle
- Putzlappen
- Wasserkessel
- Kaffeefilter/Teesieb
- Gewürze
- Müllbeutel
- für ganz kleine Vans: Gaskartusche und Gasbrenner zum Kochen

Für einen Grillabend dürfen Kohle und Grillanzünder im Gepäck nicht fehlen.

010 Badezimmerutensilien

- Badetasche
- Zahnbürste
- Zahncreme
- Sonnenmilch
- Bodylotion
- Duschgel
- Shampoo
- Rasierer
- Hygieneartikel
- Toilettenpapier

011 Utensilien für draußen

- Campingstuhl
- Tisch
- Grill
- Grillanzünder
- Grillbesteck

Dank Teelichtern und warmen Getränken wird selbst ein arbeitsreicher Camping-Tag gemütlich.

- ⚙ Kohle oder Gas für den Grill (Achtung: Auf vielen Camping-/Stellplätzen ist offenes Feuer verboten!)
- ⚙ Fußmatte

012 Technische Geräte

- ⚙ mobiler Wechselrichter (wenn nicht im Van verbaut)
- ⚙ Mobiltelefon
- ⚙ Laptop
- ⚙ Ladekabel, auch mit 12 Volt-/Kfz-Anschluss
- ⚙ Powerbank
- ⚙ Kamera
- ⚙ USB-Stick für wichtige Daten
- ⚙ Internetstick/mobiler Router

013 Nützliche Kleinigkeiten

- ⚙ Münzgeld für die Ver- und Entsorgungsanlagen, Stromsäulen, Stellplatzgebühren oder Ähnliches
- ⚙ ein großer Wasserkanister

Nicht alle Lieblingsschuhe müssen mit in den Urlaub.

- ☻ für Brillen-/Kontaktlinsenträger: eine Ersatzbrille
- ☻ Rucksack für Einkaufstouren, Strandbesuche usw.
- ☻ Zettel mit allen wichtigen Telefonnummern, sollte das Mobiltelefon mal verloren gehen

014 Das darf getrost zu Hause bleiben

- ☻ Lebensmittel – in der Regel schmecken die Produkte am Urlaubsort sehr viel besser als die mitgebrachten von zu Hause
- ☻ zu viele Schuhe
- ☻ zu viel Geschirr – es wiegt viel und gespült werden muss ohnehin regelmäßig
- ☻ unnötige Toilettenartikel – zum Camping-Urlaub darf z. B. die ein oder andere Schminke gerne zu Hause bleiben
- ☻ Taschen und Koffer

015 Das sollten Sie einscannen und an Ihre E-Mail-Adresse schicken

- ☻ Reisepass/Ausweis
- ☻ Impfpass
- ☻ Auslandskrankenversicherungs-Police
- ☻ Fahrzeugschein und Fahrzeugbrief
- ☻ Führerschein

016 Auslandsversicherung

Eine gute Auslandskrankenversicherung ist für jede Reise ins Ausland wichtig. Da sich die Kosten und Policen der verschiedenen Anbieter stark unterscheiden können, lohnt es sich, vor der Reise genau zu recherchieren. Besonders wichtig ist, inwieweit Erkrankungen, die auf Vorerkrankungen beruhen, abgedeckt sind, wie lange man sich durchgängig im Ausland aufhalten darf und wer letztendlich über den Rücktransport entscheidet: der ausländische Arzt oder der Arzt am Heimatort.

017 Alles auf einen Griff

Eine Dokumentenmappe, in der man alle wichtigen Papiere für die Reise zusammen aufbewahrt, ist sehr empfehlenswert.

018 Fixkosten sparen

Bei längeren Camping-Reisen sollten Sie im Vorfeld auf folgende Dinge achten:

- ✪ Bestellen Sie sämtliche Abos (z. B. Zeitungen, Magazine, Gemüse-Kiste usw.) frühzeitig ab!
- ✪ Heizung im Winter aus- oder auf kleinste Stufe stellen (wenn möglich, Zeitschaltuhren nutzen)
- ✪ elektronische Produkte am Gerät selbst ausstellen; bei sehr langen Reisen auch Batterien z. B. aus Fernbedienungen entfernen
- ✪ in den letzten Tagen/Wochen vor der Reise die Lebensmittelvorräte aufbrauchen

Wenn Sie länger verreisen, vergessen Sie nicht, Ihr Zeitungsabo abzubestellen.

IN DER PRAXIS BEWÄHRT

*Es gibt immer wieder Produkte, die sich – fernab ihrer „üblichen"
Bestimmung – im Camping-Alltag als besonders praktisch erwiesen haben.*

019 Strandschutz für elektronische Geräte

Zip-Lock-Beutel eignen sich erstaunlich gut, um das Mobiltelefon oder
den E-Reader am Strand vor Sand zu schützen. Einfach das Mobiltelefon in den
Beutel legen und gut verschließen. So ist das elektronische Gerät vor Sand ge-
schützt, Nachrichten oder Ähnliches kann man aber dennoch ablesen ... und vor
allem: Der Bildschirm lässt sich auch durch den Beutel bedienen.

020 Für strahlende Camping-Nächte

Immer wieder ein Problem sind die Haltbarkeit der Bordbatterien und die
spärliche Ausstattung an Steckdosen, wenn man das Fahrzeug nicht an
den Landstrom anschließt. Als große Hilfe können sich batteriebetriebene
Lichterketten von Weihnachten herausstellen. Egal, ob als schöne, abendliche
Lichtquelle vor dem Camping-Fahrzeug am Markisengestänge verschnürt
oder als indirektes Licht z. B. im Alkoven: Batteriebetriebene Lichterketten
eignen sich super für lange Camping-Nächte, selbst wenn die Bordbatterie
mal schwächelt.

021 Schneller trocken

Verwenden Sie Mikrofaser-Handtücher anstelle der normalen aus Baumwolle.
Sie sind deutlich leichter, kleiner und trocknen superschnell.

022 Warm oder kalt?

Ein doppeltes Oberbett mit Druckknöpfen ermöglicht einen raschen Wechsel
ohne großen Aufwand bei besonders kalten oder warmen Nächten. Außerdem ist man so jederzeit auf z.B. (Enkel-)Besuch vorbereitet.

Echte Stimmungsmacher
für lange Nächte im Freien.

023 Klein und leicht

Windsack-Strandliegen eignen sich hervorragend zum Campen, da sie extrem klein und deshalb auch besonders leicht zu verstauen sind.

024 Feuchtes Toilettenpapier

Nutzen Sie feuchtes Toilettenpapier – es funktioniert sehr gut mit Camping-Toiletten und als weiteres Plus entfällt die trockene Lagerung.

025 Fußmatten

Fußmatten? Was völlig sinnlos klingt, ist beim Campen Gold wert – ob bei einer matschigen Wiese, sandigen Flip-Flops und, und, und …

026 Menschen- und insektenfreundlich

Thermobecher und Trinkflaschen sind vor allem bei Familien sehr beliebt. Wespen und andere Tiere bleiben den Trinkflaschen fern. Und selbst wenn mal etwas auf dem wackeligen Campingtisch umfällt, kann wenig passieren.

027 Platzsparend

- Schmutzwäschebeutel zum Aufhängen sind praktisch, da man sie z. B. samt Klebehaken an der Schrankrückseite befestigen kann, sodass sie keinen zusätzlichen Platz benötigen.
- Vakuumbeutel für den Staubsauger oder zum Selberausdrücken sind eine wunderbare Erfindung. So können Handtücher und Bettwäsche sauber auf kleinem Raum verstaut werden.

028 Ordnungssysteme

Schuhorganizer und/oder Hängeregale eignen sich sehr gut, um Ordnung zu halten – im Kleiderschrank, an der Markise, im Vorzelt ...

029 Vielseitige Poolnudel

- Bis zur Mitte eingeschnitten und um die Kanten des Vorzeltteppichs gelegt, hält die Poolnudel den Teppich bei starkem Regen oben, sodass Wasser, Schmutz und Matsch nicht auf den Vorzeltteppich laufen.
- Ein Stück der eingeschnittenen Poolnudel um den Rand der Markise geklemmt ergibt eine praktische Regenrinne, damit das Regenwasser nicht mehr direkt von der Markise tropft.
- Vor allem ältere Kühlschrankmodelle bieten häufig keine Möglichkeit, die Tür bei Nichtbenutzung weit genug offen zu halten, damit der Kühlschrank durch die Feuchtigkeit nicht zu schimmeln beginnt. Auch hier kann man einfach ein passendes Stück Poolnudel abschneiden, bis zur Mitte einschneiden und um die Kühlschrankdichtung klemmen. So bleibt die Tür garantiert offen.
- Die Mitte einer Poolnudel (ob eingeschnitten oder im normalen Zustand belassen) eignet sich sehr gut, um alle möglichen schmalen Dinge zu schützen, z. B. Angeln, Bodenhaken für Hunde oder die Heringe und die Nägel der Markise.

030 Vielseitiges Sprühöl WD40

- Das Sprühöl ist eine wunderbare Hilfe gegen Wachsflecken und Kaugummi. Auch Aufkleber kann man durch das Öl deutlich leichter lösen.

- Kochen auf einem Gaskochfeld ist schon eine andere Herausforderung als auf Ceran oder Induktion. Nicht selten kocht dabei etwas über oder brennt an. Wenn man diese Reste mit dem Öl einsprüht, lassen sie sich extrem einfach lösen und das Herdgitter glänzt wieder fast wie neu.

- Vor allem die kleinen Schlüssel und Schlösser für die Aufbautür, die Staufächer oder die Schiebetür am Van haken nach jahrelangem Gebrauch stark. Ein Sprühstoß dieses Öls hilft bereits, damit Schlüssel und Schlösser wieder deutlich besser gleiten.

- Ähnliches gilt für Schlösser im Winter. Wer kein Enteiser-Spray zur Verfügung hat, kann sie auch mit dem Sprühöl einsprühen. Der Gefrierpunkt dieses Öls liegt deutlich unter dem von Wasser, weshalb es auch im Winter gut einsetzbar ist.

- Und noch ein Wintertipp: WD40 eignet sich hervorragend für die Schneeschaufel. Wer im Winter viel Schnee schaufeln muss, kennt das Problem, dass der Schnee nach kürzester Zeit an der Schaufel festpappt. Sprüht man die Schaufel hingegen vorher mit dem Öl ein, gleitet der Schnee ohne klopfen und stechen wie von „Zauberhand" von der Schaufel.

031 Thermo-Windschutzscheiben-Auflage

- Silberne Thermo-Windschutzscheiben-Auflagen sind kostengünstig und praktisch einzusetzen. Zerschneidet man z. B. eine und legt sie an die Ränder einer Kühlbox, bleibt die Box insgesamt deutlich länger kalt.

- Wenn Sie Hitze oder Kälte aus dem Fahrzeug halten wollen, können Sie sie z. B. im Winter vor die Schrankrückseiten setzen. Vor allem ältere Camping-Fahrzeuge haben oftmals das Problem, dass kalte Winterluft durch Pedalöffnungen, Dachfenster und Türen zieht wie die sprichwörtliche Hechtsuppe. Aber auch da isolieren diese Auflagen gut. Zur Not kann man sie einfach mit etwas Klebeband zusammenkleben und z. B. als Schutzvorhang über Windschutzscheibe und Armaturenbrett legen. So bekommt man seine eigene „Notfall"-Camping-Fahrzeug-Windschutzscheiben-Abdeckung für drei anstatt für 100 bis 300 Euro.

PACKEN UND VERSTAUEN

Damit der Camping-Urlaub zum Erfolg wird, ist es immer von Vorteil, sich bereits zu Hause einige Gedanken zum richtigen Packen und Planen zu machen. Denn ein zentrales Problem taucht beim Camping immer wieder auf: Der allgemeine Stauraum und das maximale Zuladungsgewicht sind in den allermeisten Fällen begrenzt. Deshalb hilft es sehr, auf viel Erfahrung sowie Tipps und Tricks zurückzugreifen.

032 **Geschirr**

Klapperndes Geschirr während der Fahrt geht nicht nur schnell zu Bruch, es ist auch extrem nervig. Abhilfe schaffen Trockentücher, Spülschwämme und Küchenrolle. Mit ein bisschen Geschick muss man die einzelnen Tücher der Küchenrolle nicht mal abreißen, sondern kann sie später einfach wieder aufrollen.

033 **Weingläser**

Zwei besonders gute Weingläser kann man ganz einfach schützen, indem man jeweils eine frisch gewaschene Socke über den Rand des Glases zieht.

034 **Schluss mit Kabelsalat**

- ✿ Egal ob Kopfhörer, Ladekabel oder Lichterkette, wer diese Dinge schnell nutzen möchte, muss meist erst einmal damit beginnen, die einzelnen Kabel auseinanderzuknoten. Deutlich einfacher wird es bei kürzeren Kabeln durch einen Kugelschreiber. Einfach das Ende der z. B. Kopfhörer am Kuli-Halter festklemmen, den Kugelschreiber umwickeln und die Kopfhörer wiederum unter den Halter schieben.
- ✿ Bei längeren Kabeln wie Lichterketten helfen Papprollen von Küchenpapier, Frischhaltefolie oder Alufolie. Die Papprolle an beiden Enden ein bis zwei Zentimeter einschneiden, das erste Licht der Kette einklemmen, den Rest um die Papprolle wickeln und das Ende auf der anderen Seite der Rolle wieder festklemmen. So ist alles knotenfrei verstaut.

Mit ein paar Tricks kann man ein derartiges Kabelgewirr vermeiden.

035 Müllgeruch

Der Mülleimer im Camping-Fahrzeug beginnt im Sommer schnell zu müffeln, wenn man den Hausmüll nicht direkt entsorgen kann. Abhilfe schafft eine Slipeinlage, die man mit einigen Tropfen Allzweckreiniger, Duftöl oder Raumspray beträufelt und in den Deckel oder auf den Boden des Mülleimers klebt.

036 Müllbeutel

Beim Campen ist es sehr hilfreich, wenn man auf die etwas teureren und festeren Müllbeutel zurückgreift. Die Wege zur Müllentsorgung auf einem Campingplatz können lang sein, da möchte niemand eine Mülltüte nutzen, die auf den ersten zehn Metern reißt.

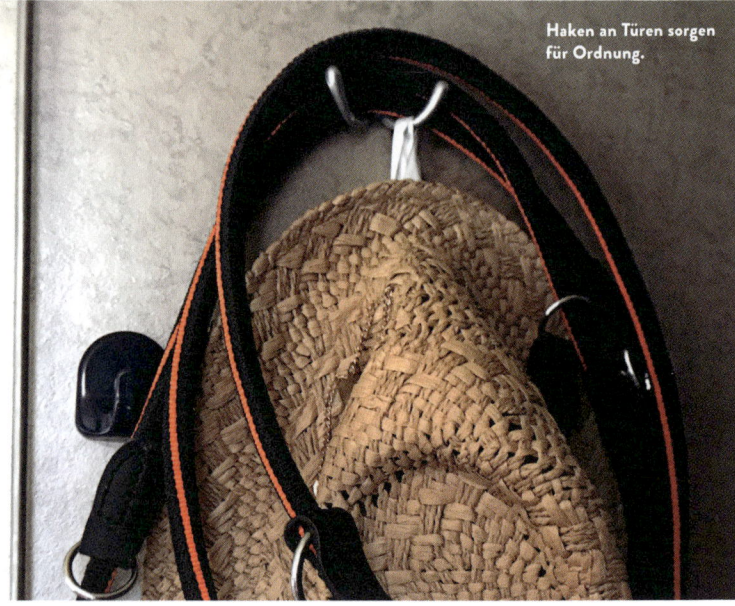

Haken an Türen sorgen für Ordnung.

037 Schuhe aufbewahren

- Immer wieder taucht die Frage auf: Wohin mit den (schmutzigen) Schuhen? Ganz besonders matschige Schuhe kann man sehr gut in alte Duschhauben stecken; so zerbröselt der getrocknete Dreck zumindest nicht mitten im Van.
- Saubere Schuhe lassen sich entweder sehr gut in einem Hängeregal im Kleiderschrank verstauen oder aber man nutzt ganz einfache Klebehaken an den Seitenwänden des Schrankes, an welche man die Schuhe dann aufhängen kann.

038 Kleidung

In den meisten Camping-Fahrzeugen sind Kleiderstangen zum Aufhängen von Kleiderbügeln relativ schmal. Darum sollte man von vornherein möglichst viele Kleidungsstücke zusammenlegen. Für die restlichen Teile lohnt es sich, einige gute, stabile Bügel zu nutzen (also keine aus Draht), da man die stabilen Bügel ohne Probleme doppelt oder dreifach behängen kann.

039 Kleidung sichern

Neben der Sicherung von klapperndem Geschirr (siehe oben) eignen sich Schwammtücher hervorragend, um rutschende Kleidung zu sichern. Schneiden Sie das Schwammtuch in schmale Streifen und befestigen Sie es mit einem kleinen Punkt Klebstoff an den Kleiderbügeln. So rutscht keine Strickjacke oder Ähnliches mehr während der Fahrt vom Bügel und auch Hosen bleiben sicher hängen. Ein einziges Schwammtuch reicht übrigens für sechs bis acht Bügel.

040 Accessoires

Kleinere Kleidungsstücke wie Schals, Gürtel, Caps und Mützen lassen sich supereinfach durch einen Duschring am Kleiderbügel verstauen. Den Duschring einfach über den Kleiderbügelhaken stülpen und sämtliche Kleinigkeiten aufhängen.

041 Schrankflächen nutzen

- ⚙ Die Innenseiten der Schranktüren eignen sich sehr gut, um Kleinigkeiten zu verstauen. Dazu einfach Haken an den Schranktüren befestigen und dort z. B. in der Küche das Netz samt Knoblauch, kleinen Zwiebeln, Spülbürste usw. oder im Kleiderschrank leichte Jacken, Schals, Hundeleinen usw. einhängen.
- ⚙ Auch Schrankrückseiten kann man durch ein paar Klebehaken besonders gut ausnutzen und beispielsweise Kleidung wie Badeanzüge oder Ähnliches, die man nicht ständig benötigt, aufhängen und so verstauen, dass sie nicht ständig im Weg herumliegen.

042 Handtuchhalter mal anders

Die kleinen Metallstreben, die man normalerweise im Bad als Handtuchhalter nutzt, kann man ebenso gut für die Innenseite der Schränke nutzen, um dort etwa Topfdeckel oder Trockentücher, Schals etc. zu verstauen.

043 Hängesysteme – perfekt fürs Campen

Einfache Hängesysteme, die es im Handel für Schuhe, Kleidung oder Kinder-zimmer-Utensilien gibt, eignen sich hervorragend auch für Camping-Fahr-zeuge – nicht nur klassisch im Kleiderschrank, um Schuhe, Unterwäsche oder Socken zu verstauen, sondern auch für die Wohnmobil-Garage oder beim Campen selbst als vorübergehendes Utensilo unter der Markise bzw. für das Vorzelt. So kann man Spielsachen leicht und halbwegs ordentlich aus dem Weg räumen oder Kabel, Anschlüsse usw. in der Garage handlich verstauen. Im Zusammenspiel mit einer scharfen Schere lassen sich diese Hängesysteme leicht kürzen und den speziellen Bedürfnissen anpassen.

044 Körbe zum Einhängen

Es gibt spezielle Körbe, welche man dank zweier Streben in die bestehenden Schrank- oder Kühlschrankfächer einschieben und somit den Stauraum deut-lich vergrößern kann. Vor allem für sehr große bzw. hohe Fächer ist das eine tolle Möglichkeit.

Der Handel bietet zahlreichen Aufhänge-Vorrichtungen, die das Fahrzeug nicht beschädigen.

045   Abtropfgitter doppelt nutzen

Ein ganz normales Abtropfgitter, auf welches man Geschirr und Tassen nach dem Spülen stellt, kann man auch sehr gut für die Küchenschränke nutzen. Stellen Sie das Gitter einfach in den Schrank und sortieren Sie Teller bzw. Gläser dann ein. So steht das Geschirr fest und klapperfrei im Schrank und man kann sich die relativ teuren, speziellen Camping-Geschirrhalter sparen.

046   Bettwäsche aufbewahren

Um Bettwäsche geordnet und vor allem sauber und staubfrei im Camper-Fahrzeug zu lagern, kann man diese falten und in den auf links gestülpten Kopfkissenbezug stecken. So hat man die passenden Teile immer geordnet und sauber im Fahrzeug.

047   Befestigungsmöglichkeiten

- ✪ Ganz gleich, um welches Produkt es sich handelt, die entsprechende Befestigung wird schnell zum Problem. Denn natürlich sollte man es unbedingt vermeiden, einfach in die Fahrzeug Außenhaut zu bohren oder zu hämmern. Dies gelingt fast immer, wenn man spezielle Klebestrips, kleine Punkte Sekundenkleber, Klettbänder und (für schwere Dinge) Power-Klettbänder nutzt. In jahrelanger Erprobung hat vor allem die Qualität der Produkte des bekannten Marktführers überzeugt. Im Baumarkt findet man von diesem auch spezielle Deckenhaken, die hervorragend halten und alles sicher verstauen, selbst wenn man mal stark bremsen muss oder das Fahrzeug im Laufe eines Jahres verschiedene Temperaturzonen durchquert.
- ✪ Für Dinge, die schwerer sind oder möglichst straff gespannt werden sollen, sind kleine Schraubösen perfekt. Diese kann man sehr einfach ganz oben, direkt unter der Decke, in das Holz der Schränke einschrauben; mithilfe eines Tropfen Leims sitzen sie dann besonders fest und halten sicher.
- ✪ Zur Befestigung im Bereich von Schranktüren oder Fächern eignen sich auch Türhaken wunderbar. Diese sind extrem stabil und lassen sich dank ihrer Form an sehr vielen Stellen (Markisen-Gestänge, Vorzelt, Garagenfächer usw.) einhaken bzw. einsetzen, ohne dass man weiteren Klebstoff oder gar andere Dinge nutzen muss.

048 Sperrige Gegenstände verstauen

Große, sperrige oder gar schwere Gegenstände sollten immer in bodennahen Schränken/Sitztruhen verstaut werden, damit sie bei starkem Bremsen nicht umherfliegen.

Wenn vorhanden, ist eine Garage natürlich der optimale Ort für diese Dinge. Hier sollte man aber unbedingt mit Spanngurten arbeiten, die für wenige Euro in jedem Baumarkt erhältlich sind.

049 System „Tetris"

Sämtliche Kleinigkeiten, von Gewürzen über Nahrungsmittel bis zum Werkzeug, lassen sich am besten in Boxen oder alten Schuhkartons lagern. Diese kann man sehr gut stapeln und somit jedes Fach optimal nutzen. Bei entsprechender Beschriftung findet man dank der Boxen auch alles Nötige schnell wieder.

050 Auf einen Blick

Sehr empfehlenswert sind auch durchsichtige Plastikboxen – egal ob für Gewürze, kleine Werkzeuge, Malstifte, Kniffel-, Würfel-, Kartenspiele usw. So kann man alle Kleinigkeiten leicht verstauen und „entdeckt" sie auch sofort wieder.

051 Große Boxen/Unterbettkommoden

Vor allem für kleine Vans samt Kofferraum lohnt sich der Kauf von großen Stauboxen oder sogenannten Unterbettkommoden. Die einzelnen Boxen kann man sehr gut mit verschiedenen Kleidungsstücken und der Campingausstattung füllen und übereinanderstapeln. Werden bestimmte Produkte benötigt, muss man nicht erst in den Tiefen des Kofferraums wühlen, sondern kann einfach die Boxen hervorziehen und gelangt so leicht an die gewünschten Dinge heran.

Die Decke und die oberen Seitenwände des Camping-fahrzeugs eignen sich perfekt, um Halterungen anzubringen.

052 Stauraum Fahrzeugdecke

- Die Decke eines Camping-Fahrzeugs eignet sich als Stauraum viel besser, als man vielleicht glauben mag. Hier kann man z. B. ein Fischernetz befestigen – am besten eines mit nur kleinen Löchern –, das sich toll für Kleinigkeiten, als Deko-Objekt (etwa mit gesammelten Muscheln von den Reisen) oder auch zum Trocknen von Lebensmitteln wie Chilischoten oder Kräutern eignet.

- Mit (Spann-)Gurten, wild übereinander gespannt, entsteht eine Art Spinnennetz, auf welchem sich z. B. Kleidung sehr gut trocknen lässt.

- Etwas breitere und festere Gummibänder, ganz nah unter der Decke gespannt, bieten eine gute Möglichkeiten, um beispielsweise Unterlagen, Postkarten und Ähnliches einfach und fest einzuklemmen.

- Eigentlich sind Klebehaken immer und überall super. Natürlich kann man sie also auch an der Fahrzeugdecke anbringen, um dort Lichterketten oder Camping-Laternen schnell und einfach zu befestigen.

- Magnetleisten - z. B. aus dem Küchenbedarf – eignen sich toll für kleine Dosen mit Gewürzen oder natürlich auch für Deko-Materialien oder Postkarten. Sozusagen die "Kühlschrank-Pinnwand" unter dem Van Dach.

- Wenn man eine Hängematte mitnehmen möchte, kann man diese zwischendurch super unter der Fahrzeugdecke befestigen, um Kissen, Bettdecken und Ähnliches tagsüber zu verstauen.

- Ganz normale Ablagefächer, die man in der Regel gerne auf den Schreib-tisch stellt, eignen sich bestens für eine Van-Ecke. Unter dem Dach befestigt entsteht eine super Ablagefläche.

- Wäscheleinen ermöglichen auf wohl einfachste und günstigste Art, das Dach des Fahrzeugs zu nutzen. Entsprechende Leinen gibt es bereits für einen Euro im Handel. Der einzige Nachteil: Sie müssen immer mal wieder nachgespannt werden, weil sie sich mit der Zeit dehnen.

- ✪ Die Drahtseile samt Klammern eignen sich nicht nur zur Dekoration. An den Klammern kann man auch wunderbar andere Dinge befestigen. Wer sehr lange verreisen möchte, kann aber so natürlich auch Bilder und Fotos von Freunden und Verwandten toll dekorieren oder Postkarten von den verschiedenen Reisezielen als Erinnerung nutzen.

- ✪ Lichterketten oder LED-Strips unter der Decke/an den Rändern der Decke sind eine tolle und sehr gemütliche Lichtquelle. Technisch begabte Menschen können die LED-Strips relativ einfach mit dem Stromkreis des Camper-Fahrzeugs verbinden. Eine noch einfachere Möglichkeit sind batteriebetriebene Lichterketten aus der Weihnachtszeit.

053 Autositz-Utensilo

Für Pkws gibt es mittlerweile spezielle Utensilos für die Rückseite der Sitze. Diese kann man auch sehr gut für die Fahrerhaussitze im Camping-Fahrzeug nutzen. Dank der vielen verschiedenen Fächer ergibt sich weiterer Stauraum, ob für wichtige Reiseunterlagen, Warnwesten und andere Dinge, welche man während der Fahrt griffbereit haben möchte.

054 Kinderwagen

Alle Camper, die häufiger mit sehr jungen Kindern verreisen möchten, sollten sich überlegen, einen zusätzlichen einfachen, kleinen und besonders leichten Kinderwagen für das Camping-Fahrzeug zu kaufen. Für den Alltag zu Hause ist ein besonders stabiler, großer und damit meist auch teurer Kinderwagen sicherlich klasse, aber beim Verstauen im Camping-Fahrzeug kann sich der Kauf eines sehr einfachen Kinderwagens lohnen. Noch besser wird es bei Kleinkindern mit einem entsprechenden Buggy. Einen einfachen Reisebuggy gibt es bereits für wenige Euro; sollte er nach dem Urlaub durch Sand, Kies oder Schotter defekt sein, kann man ihn leicht entsorgen.

055 Fahrräder

Bei allen Camping-Fahrzeugen, bei denen sich die Möglichkeit bietet, sind Fahrräder oder gar E-Bikes am besten in der Garage aufgehoben. Bei Reisemobilen ohne Garage kann ein entsprechender Fahrradträger auf der Rück-

Um auch während des Camping-Urlaubs vor Ort mobil zu sein, lohnt es sich, Räder, E-Bikes oder Roller mit auf die Reise zu nehmen.

seite montiert werden. Hier sollte man allerdings beachten, dass dadurch ein erhebliches Gewicht immer wieder an der Rückwand des Reisemobils zieht. Auf Dauer kann es dadurch zu Schäden oder Undichtigkeiten kommen. Für Kastenwagen gibt es spezielle Fahrradträger im Handel, welche nur auf einer Seite der Hecktüren befestigt werden. So kann man die Hecktüren trotz des Fahrradträgers ganz normal nutzen. Bei Gespannen sollte man immer auf die entsprechende Zuglast achten. Ein Fahrradhalter auf der Deichsel kann durchaus sinnvoll sein, zumal die Räder dort sicher stehen und nicht so hoch gehoben werden müssen wie z. B. bei Dachsystemen. Wird es allerdings eng bei Zuglast oder Gesamtgewicht, kann es besser sein, die Räder am Auto zu befestigen.

056 Kanus und Surfbretter

Alte Busse haben häufig noch einen Dachgepäckträger, auf welchem Kanus, Surfbretter und ähnliche Sportgeräte mit Spanngurten sehr gut verstaut werden können. Für alle anderen Camping-Fahrzeuge gibt es spezielle Träger-systeme, welche aus Sicherheitsgründen zu empfehlen sind. Bedenken sollte man dabei allerdings, dass es bei den allermeisten Camping-Fahrzeugen nicht empfehlenswert ist, das Dach immer wieder zu betreten. Dadurch können sich Haarrisse und Undichtigkeiten bilden. Wer also ein Dachträgersystem nutzt, sollte am besten auch eine Teleskopleiter an Bord haben, um zu ver-meiden, das Dach des Fahrzeugs zu betreten.

2. IM BEGRIFFS-DSCHUNGEL

KLEINER UNTERSCHIED, GROSSE WIRKUNG

Wer zum ersten Mal in den Camping-Urlaub fährt, hat rasch mit vielen Begriffen zu tun, die für Verunsicherung sorgen können. Stellplatz oder Campingplatz, Alkoven, voll- oder teilintegriertes Fahrzeug oder Kastenwagen? Was genau bedeuten diese Begriffe und worin liegen die feinen, aber oftmals entscheidenden Unterschiede?

057 Van/Bus/Kastenwagen: wendig, handlich, alltagstauglich

Der Vorteil eines Vans bzw. Kastenwagens ist seine Größe. Dank seiner etwas geringeren Breite und meist auch etwas kürzeren Gesamtlänge ist ein Van besonders schnell und handlich. Touren durch kleine Küstenorte oder Bergdörfer stellen Camper samt Kastenwagen nur sehr selten vor ein Problem. Vans und kleine Busse werden häufig von Campern selbst ausgebaut, Kastenwagen mittlerweile häufiger komplett ausgebaut gekauft. Dabei bevorzugen viele Camper immer noch vergleichsweise kurze Modelle, da man diese auch im Alltag nutzen kann, zumal einige Vans sogar noch in öffentliche Parkhäuser passen. Zudem sind sie oftmals etwas unauffälliger als „normale" Reisemobile, was beim Wildcampen durchaus von Vorteil sein kann.

058 Van/Bus/Kastenwagen: weniger Komfort

Wie immer im Leben haben die kleinen Camping-Fahrzeuge natürlich auch den ein oder anderen Nachteil. Gerade selbst ausgebaute Modelle haben meist keine Dusche oder Toilette an Bord, wodurch man eigentlich immer auf Stell- oder Campingplätze angewiesen ist. Zudem bieten Vans und Busse weniger Platz im Innenraum, was bei schlechtem Wetter zum Problem werden kann. Und: Fast alle Vans haben eine schlechtere Isolierung, wodurch es im Winter frisch werden kann.

Eine Tour mit einem alten Camping-Bus liegt aktuell im Trend, der eingeschränkte Platz kann bei schlechtem Wetter aber auch schnell an den Nerven zehren.

059 Van/Bus/Kastenwagen: 1. Wahl im Sommer

Kleine Vans und Campingbusse eignen sich vor allem für Alleinreisende oder Paare, die ihr Camping-Fahrzeug auch im Alltag nutzen möchten und dabei vor allem im Sommer bzw. in wärmeren Regionen unterwegs sind.

060 Reise- oder Wohnmobil?

Früher gab es noch einen Unterschied zwischen Wohn- und Reisemobilen. Wohnmobile waren etwas größer, schwerer und besser isoliert, da man das ganze Jahr in ihnen wohnen konnte, Reisemobile demgegenüber etwas wendiger und kleiner, um mit ihnen auch lange Strecken zügig zu überwinden. Diesen Unterschied gibt es aber schon seit vielen Jahren nicht mehr. Heute stehen beide Begriffe für denselben Fahrzeugtyp, der Begriff Reisemobil wird dabei vor allem in Branchenkreisen und bei offiziellen Statements genutzt. Reise-/Wohnmobile haben immer eine feste Fahrzeug-Wohnraum-Verbindung, und im Gegensatz zum Wohnwagen darf der Wohnraum auch während der Fahrt (angeschnallt!) genutzt werden.

Wohnmobile mit Alkoven bieten viel Platz im Innenbereich.

061 Alkoven

Wohnmobile werden in drei Modellvarianten unterteilt. Beim sogenannten Alkoven liegt ein Bett über dem Fahrerraum, wodurch das Fahrzeug insgesamt relativ hoch ist, aber auch mehr Platz im Innen-/Sitzbereich bietet.

062 Teilintegriertes Wohnmobil

Bei teilintegrierten Modellen wird die Wohnkabine nachträglich auf das bereits bestehende Chassis gebaut. Es gibt also einen ganz normalen Fahrerraum mit Fahrer- und Beifahrertür; dahinter wird die Kabine an das bestehende Chassis installiert.

063 Vollintegriertes Wohnmobil

Sowohl Fahrerraum als auch Wohnkabine bestehen aus einem Teil, dadurch sind die Frontscheibe und der gesamte Fahrerraum sehr groß. Meist wird nur eine Tür auf der Fahrerseite eingesetzt. Häufig sind vollintegrierte Wohnmobile nicht in einer Variante unter sieben Metern erhältlich.

064 Reise-/Wohnmobil: völlig autark

Mit einer Breite von 2,30 bis 2,35 Meter bieten Reise-/Wohnmobile etwas mehr Platz als kleine Campingbusse und Vans und haben häufig eine Garage zum Verstauen der Camping-Ausstattung. Professionell ausgebaute Wohnmobile besitzen immer eine Küche, einen Sanitärbereich, vor allem aber kann man sie dank Batterien und einem Frisch- und Abwassertank völlig autark nutzen. Deshalb sind sie häufig nur mit einer Markise statt einem extra Vorzelt ausgestattet sind.

065 Reise-/Wohnmobil: weniger Flexibilität

Mit größeren Wohnmobilen ist man vor allem aufgrund der Parkplatzsituation in Städten oder an Sehenswürdigkeiten meist nicht ganz so flexibel. Zudem sind Reisemobile im Vergleich zu Caravans oder Vans teuer im Unterhalt.

066 Reise-/Wohnmobil: 1. Wahl bei häufigen Standortwechseln

Insgesamt eignen sich Reisemobile vor allem für Roadtrips und Camping-Touren, bei denen man den Standort nach wenigen Tagen wechselt. Dank vieler Sicherungsgurte und Schlafmöglichkeiten gibt es Modelle, mit denen selbst größere Familien gemeinsam in einem Fahrzeug campen können. In diesen Fällen sollte man aber unbedingt auf das zulässige Gesamtgewicht achten.

Beim Wohnwagen ermöglicht das separate Auto viel Flexibilität vor Ort.

067   Wohnwagen/Caravan

Wohnwagen, auch Caravans genannt, können sich hinsichtlich des Aussehens, Interieurs und der Länge extrem unterscheiden. Für alle Modelle gilt allerdings, dass sie von einem extra Zugfahrzeug mit Anhängerkupplung gezogen werden müssen und man den Wohnwagen während der Fahrt nicht betreten darf.

068   Wohnwagen/Caravan: selten autark

Die meisten Caravan-Modelle sind nicht autark. Dies bedeutet, dass diese Wohnwagen beispielsweise keinen Abwassertank haben und deshalb auf das Abwassersystem des Campingplatzes angewiesen sind oder mit Umbauten nachgerüstet werden müssen.

069   Wohnwagen/Caravan: 1. Wahl beim Familienurlaub auf einem Campingplatz

Typischerweise verbringen Camper samt Wohnwagen ihren Urlaub auf einem ausgewählten Campingplatz. Dort angekommen, machen sie sich (nur) einmal die Mühe, das Vorzelt usw. aufzubauen und einzurichten, und bleiben dann über die Dauer des gesamten Urlaubes auf diesem Campingplatz stehen. Der

Einfacher Parkplatz, große Wiese oder fein säuberlich eingezeichnete Parzellen, Stellplätze können ganz unterschiedlich aussehen, dürfen aber meist nicht von Wohnwagen genutzt werden.

große Vorteil dieser Camping-Variante: Sobald der Wohnwagen abgekoppelt ist, hat man ein ganz normales Fahrzeug vor Ort, um Einkäufe zu erledigen oder die Region zu erkunden. Aus diesem Grund und aufgrund der größeren Platzverhältnisse sind Wohnwagen bei Familien sehr beliebt. Davon abgesehen ist ein Caravan bezüglich der Unterhaltskosten deutlich günstiger als ein Van oder Wohnmobil.

070 Stellplatz

Ein Stellplatz ist – zuallererst und grundlegend – einfach ein Ort, an dem Camper mit Wohnmobilen, Kastenwagen oder Vans sicher übernachten dürfen. Nur Wohnwagen sind bis heute auf den meisten Stellplätzen in Europa verboten.

071 Stellplatz-Preise

Heutzutage unterscheiden sich verschiedene Stellplätze deutlich hinsichtlich ihrer Ausstattung und ihres Preises. Neben kostenlosen, oft städtischen Stellplätzen, die einem riesengroßen asphaltierten Messeparkplatz gleichen und keinerlei Ausstattung bieten als den Platz selbst, gibt es auch relativ teure

Stellplätze mit großen, eingezeichneten Parzellen auf Schotter und Wiese – samt Toiletten, Duschen und großen Entsorgungen.

072 Stellplatz: flexible Platzvergabe

Für alle Stellplätze gilt: Auf ihnen bleibt man in der Regel nur wenige Tage stehen. Wer seinen Platz einmal mitsamt dem Fahrzeug verlässt, gibt diesen auch wieder frei. Daher herrscht auf Stellplätzen ein ständiges Kommen und Gehen. Reservierungen sind nur selten möglich, dafür sind die meisten Stellplätze aber auch am späten Abend oder sogar in der Nacht anfahrbar.

073 Campingplatz

Ein Campingplatz dient grundsätzlich der gesamten „Camper-Familie" als Anlaufpunkt. Egal ob Wohnmobil, Van, Wohnwagen, (Dach-)Zelt oder gemietetes Mobilheim, hier trifft sich die gesamte Camper-Gemeinde.

074 Campingplatz: Trend zur Spezialisierung

Zunehmend legen Campingplätze Wert auf eine Spezialisierung. Verfügt der eine Campingplatz dank Pool, Rutschenpark und viel Animation, Spaß und Spiel über Attraktionen für die ganze Familie, setzt ein anderer vor allem auf Wellnessangebote für Erwachsene, während ein dritter eigentlich nur aus einer großen Wiese besteht und damit sein Angebot naturverbunden oder auch besonders preisgünstig ausrichtet.

075 Campingplatz: Ausstattung und Service

Campingplätze bieten immer Stromsäulen, Sanitärhäuser, eine Ver- und Entsorgung sowie einen Ansprechpartner, sollte man beispielsweise mal ein Problem mit der Parzelle oder dem Camping-Fahrzeug haben. Dieser „Service" muss aber natürlich auch bezahlt werden, weshalb Campingplätze meist teurer als Stellplätze sind. Allerdings gibt es mittlerweile viele Camping-Rabattprogramme, die sich durchaus schon nach der dritten Nacht bezahlt machen.

Vor allem Luxus-Campingplätze bieten ihren Gästen auch die Möglichkeit, ein privates „Bad" zu mieten.

076 Campingplatz: im Voraus buchbar

Ein Platz auf einem Campingplatz kann bereits lange im Voraus gebucht werden. Möchte man zwischendurch den Platz verlassen, um z. B. den nächsten Ort zu besuchen, bleibt die Parzelle den gesamten Aufenthalt über reserviert. Allerdings haben Campingplätze Öffnungszeiten. Während der Mittagszeit und spätestens ab 22 Uhr bleibt die Zufahrtsschranke unten, die Einfahrt zum Campingplatz ist versperrt. Dies sollte man unbedingt bedenken, wenn man z. B. auf der Hinfahrt lange im Stau steht und so erst spät abends anreisen kann.

077 Wildcampen

Wild zu campen – also stehen zu bleiben, wo es einem gerade gefällt – gehört fast schon zur „Königsklasse" des Campings – in der Realität ist der perfekte Ort zum Wildcampen nämlich viel schwieriger zu finden, als man es sich gemeinhin so vorstellt. Davon abgesehen, muss man natürlich auch schauen, wie man mit der Batteriespannung im Camper und den verschiedenen Tanks (Toilette, Grau- und Frischwasser) auskommt, denn ein kurzfristiges Entsorgen oder Tanken von Wasser ist nicht möglich, ohne den Platz zu verlassen. Diesem Thema ist weiter hinten ein eigenes Kapitel gewidmet (s. Seite 120).

3. ZWISCHENMENSCHLICHES

GRUNDSÄTZLICHES

Egal, wo Sie sich letztendlich befinden, als Camper – und ja, auch als Wildcamper – bekommt man automatisch immer wieder Kontakt zu anderen Menschen. Auch, weil es sicher Situationen gibt, in denen man anderen helfen kann oder aber auf die Hilfe anderer angewiesen ist. Nicht nur deshalb ist es wichtig, sich zu diesem Thema ein paar Gedanken zu machen.

078 Helfen, wenn Hilfe angebracht ist

Dass man sich unter Campern immer wieder behilflich ist, wenn Hilfe gebraucht wird, heißt nicht, dass man ständig wild winkend jeden Mitcamper beim Einparken unterstützen muss. Wenn man aber sieht, dass die neuen Camping-Nachbarn versuchen, den Wohnwagen gerade ausgerichtet auf die Parzelle zu schieben, ist ein kurzes Mitanpacken immer gerne gesehen.

079 Rücksicht nehmen!

Aufgrund des aktuellen Camping-Booms in Deutschland und Europa waren noch nie mehr Camper „on the road" als aktuell, was leider immer wieder zu Problemen führt. Momentan ist es definitiv kaum möglich, sein eigenes Ding „auf Teufel komm raus" durchzuziehen. Rücksichtnahme auf andere und Mitdenken gehören unbedingt dazu, denn nur so können wir auch in Zukunft noch halbwegs unbeschwert campen gehen.

Beim Campen kommt man unweigerlich in Situationen, in denen man für Hilfe dankbar ist.

KONTAKT ZU ANDEREN VERKEHRSTEILNEHMERN

Ob Lkw- oder Motorradfahrer, Radler oder anderer Camper – damit das Miteinander auf der Straße gelingt, ist das Einhalten von Regeln unumgänglich. Auch, weil egoistisches Fahrverhalten viel zu gefährlich sein kann.

080 Camper & Lkw-Fahrer

- ⚙ Lkw-Fahrer müssen sich an vorgegebene Pausenzeiten halten, deshalb sind freie Lkw-Rastplätze in den Mittags- und Abendstunden häufig ein Problem. Aus diesem Grund sollte man als Camper mit kürzeren Fahrzeugen/Gespannen nicht auch noch viele Lkw-Rastplätze belegen, sondern die Parkbuchten im Pkw-Bereich nutzen oder sich hinter einen anderen Camper, der bereits einen Lkw-Parkplatz belegt, stellen.
- ⚙ Wenn Sie keine andere Parkplatzmöglichkeit auf einem Rasthof finden, stellen Sie sich zumindest innerhalb einer Lkw-Spur ganz weit nach vorne, sodass andere Camper und Mini-Lkw Ihre Spur mitbenutzen können.
- ⚙ Fahren Sie vorbildlich! Wenn sich z. B. auf der rechten Spur die Lkws stauen, muss man als Camper nicht direkt bis zur Baustelle an allen Lkws vorbeiziehen. Die linke Baustellenspur ist zu schmal für Camper – und wer direkt vor der Baustelle die Fahrspuren wechseln möchte, wird für alle zum Hindernis.
- ⚙ Nicht ausbremsen! Wer ein Camping-Fahrzeug unter 3,5 Tonnen besitzt, ist vom Lkw-Überholverbot zwar nicht betroffen. Dennoch muss man aber nicht direkt vor dem nächsten Berg überholen, um dann – vor allem, wenn man ein älteres, relativ langsames Fahrzeug fährt – kaum von der Stelle zu kommen und die ganze Lkw-Kolonne hinter sich zum Bremsen zu zwingen.

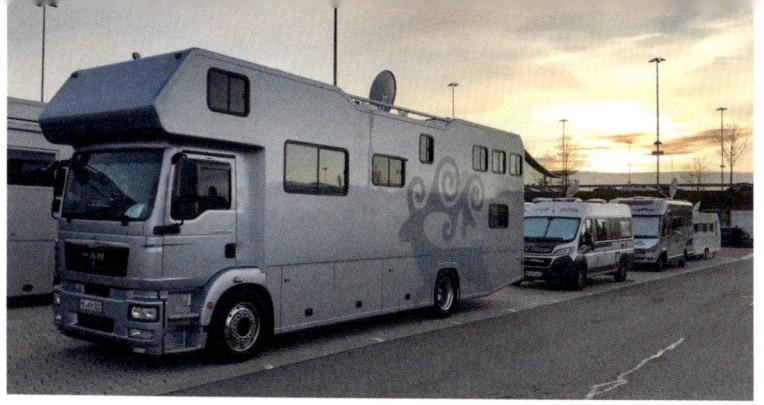

Wenn man als Camper schon LKW-Parkplätze auf Rasthöfen belegt, sollte man zumindest so parken, dass die Spur von mehreren Fahrzeugen genutzt werden kann.

081 Camper & Motorradfahrer

Während des Camping-Urlaubs werden immer mehr Camper selbst – dank Roller oder Motorrad am/im Camping-Fahrzeug – zu Motorradfahrern. Im direkten Umgang mit Motorradfahrern gibt es eigentlich wenig zu beachten. Nur an sehr warmen Sommertagen sollte man als Camper nicht genervt reagieren, wenn sich der ein oder andere Motorradfahrer durch den zähfließenden Verkehr drängt. Die schwere Sicherheitskleidung vieler Motorradfahrer heizt sich so auf, dass jeder Fahrtwind eine kleine Abkühlung schafft.

082 Camper & Reiseradler

Gerade in Skandinavien und Südeuropa kommt es immer wieder vor, dass man als Camper auf Reisende mit Rad trifft. Wild hupend mit wenigen Zentimetern Abstand an einem Anstieg an diesen vorbeizuziehen, ist dabei nicht empfehlenswert. An Stell- oder Rastplätzen bei einer Tasse Kaffee mit ihnen ins Gespräch zu kommen, hingegen schon – oft lernt man dabei wunderbare Menschen kennen.

083 Camper & Camper

Begegnet man anderen Campern mit einem ähnlichen Camping-Fahrzeug (ein Wohnmobilist begegnet also beispielsweise einem anderen Wohnmobilisten) auf einer Landstraße, so ist es üblich, sein Gegenüber kurz zu grüßen.

CAMPING-KNIGGE

Wenn man irgendwo einsam und allein in der Natur steht, hat man natürlich viele Freiheiten. Aber diese Orte sind mittlerweile – wie bereits mehrfach gesagt – nicht mehr so einfach zu finden. Auf Stell- und Campingplätzen hingegen trifft eine Vielzahl unterschiedlicher Personen auf engstem Raum aufeinander. Alle haben ihre eigenen Wünsche und Vorstellungen – das Einzige, was sie verbindet, ist, dass sie sich in ihrem wohlverdienten Urlaub befinden. Ob Jung oder Alt, Großfamilie oder Alleinreisende, Frau oder Mann, Jugendgruppe oder Ruhe Suchender, alle haben dasselbe Recht auf einen schönen Camping-Urlaub. Damit dies funktionieren kann, muss jeder Rücksicht nehmen und sich an bestimmte Regeln halten – auch wenn das manchmal ein kleines bisschen mehr Mühe bedeutet.

084 Späte Ankunft

Eine späte Anreise auf Stellplätzen ist nicht immer zu verhindern und durchaus okay. Seinen Nachbarn zuliebe, die sich ja genauso im Urlaub befinden wie man selbst, sollte man es dann aber auch bei der Anreise belassen. Arbeiten wie Fahrräder vom Träger holen, Stützen ausrichten, zigmal die Türen zuschlagen, Stromkabel verlegen usw. müssen nicht mehr tief in der Nacht geschehen, der nächste Morgen kommt bestimmt.

085 Frühaufsteher

Auch das Türenschließen früh morgens auf dem Weg zum Brötchenholen muss nicht alle Nachbarn wecken. Mit ein bisschen gutem Willen kann man zumindest die Seiten- und die Aufbautür leise schließen. Bei den großen Schiebetüren ohne Zuzieh-Automatik ist alles etwas anders; diese lassen sich kaum leise schließen.

Wer die Morgenstunde genießen möchte, muss Rücksicht auf Langschläfer nehmen.

086 Keinen Müll zurücklassen

Egal ob Stell-, Campingplatz oder wildes Campen: Seinen kompletten Müll mitzunehmen, ist mittlerweile tatsächlich essenziell. Es wird für alle Camper ein Riesenproblem, wenn überall, wo man sie trifft, Milchtüten, Teebeutel oder sonstiger Hausmüll in den Büschen verstreut liegen. Auch öffentliche Mülleimer ohne Deckel sind nicht der richtige Ort für den Hausmüll, denn durch Ratten, Vögel und andere Wildtiere wird er in den Folgetagen im Umkreis verteilt.

Ein echtes No-Go: eine Parzelle bezahlen und eine zweite mitbelegen.

Auch wenn es schwerfällt – Ruhezeiten müssen eingehalten werden!

087 Begrenzungen einhalten

Ein No-Go ist es auch, wenn Camper mehr Platz für sich in Anspruch neh-men, als zur eigenen Parzelle gehört – oder auch mehr Platz als sein muss. In den Sommermonaten werden Stell- und Campingplätze in der Regel sehr voll. Dennoch gibt es immer wieder Camping-"Freunde", die der Meinung sind, sie müssten ihre Fahrräder oder den Pkw-Anhänger auf zwei Parzellen verteilen und die Markise noch ein Stückchen über die eigene Grenze hinaus ausfahren. Wem die einfachen Stellplätze zu wenig Platz bieten, der sollte eine große Parzelle auf einem Campingplatz buchen.

088 Sanitärbereich

Toiletten und Duschen auf Stell- und Campingplätzen werden immer wieder zum Streitthema. Natürlich werden diese Bereiche von professionellen Reini-gungsteams gepflegt. Trotzdem sollte jeder Camper selbst nach dem Duschen zum Fensterabzieher greifen (ein solcher findet sich in jedem Sanitärbereich frei zugänglich), um die Dusche sauber und ordentlich zu hinterlassen.

089 Am positiven Image arbeiten

Leider gibt es nach wie vor Camper, die mit ihrem schlechten Verhalten die gesamte Camper-Gemeinschaft in Misskredit bringen. Für alle gut sichtbar neben den Stellplatz zu urinieren, sich mitten in die Feuerwehrzufahrt zu stellen oder das Abwasser einfach auf der Parzelle abzulassen, gibt schlicht und einfach kein gutes Bild ab, und schnell heißt es dann, alle Camper seien furchtbar.

090 Ruhezeiten einhalten

Auf den meisten Campingplätzen gibt es feste Ruhezeiten, die auch einzu-halten sind. Teilweise werden diese auch kontrolliert – eine Zuwiderhandlung könnte den Rauswurf bedeuten. Leises Reden bis tief in die Nacht ist natür-lich erlaubt, bei lauter Musik und Partystimmung wird es hingegen schwierig.

PARTNER, PAARE, FAMILIEN

Gemeinsame Campingerlebnisse abends bei Grill oder Lagerfeuer zu erzählen – was gibt es Schöneres? Wer mit seinem Partner oder seiner Familie campen gehen möchte, sollte sich allerdings auch darüber bewusst sein, dass man dabei viele Tage auf kleinstem Raum zusammen verbringt – selbst die Privatsphäre im Campingbad ist recht eingeschränkt. Dass es dabei auch mal zu Streitereien kommen kann, ist verständlich. Die folgenden Tipps stärken das gute Klima an Bord.

091 Probleme ehrlich ansprechen

Das Beste ist natürlich, von Anfang an Streit zu vermeiden. Das kann aber nur funktionieren, wenn man schon bei der Planung ehrlich zueinander ist. Es gibt für fast jedes Problem eine Lösung, dazu muss der andere aber von diesem Problem auch wissen.

092 Keine utopischen Erwartungen

Grundsätzlich ist es immer von Vorteil, die eigenen Ansprüche herabzusetzen. Wer mit der Vorstellung vom perfekten Roadtrip an den Camping-Urlaub herangeht, der kann nur enttäuscht werden. Wer sich hingegen auf eine nette Zeit im Kreise seiner Liebsten freut, lernt die vielen kleinen Dinge zu schätzen. Erwartungen und Ansprüche zu erfüllen, ist extrem schwierig. Natürlich bedeutet das nicht, dass man planlos und unvorbereitet losfahren sollte, aber ... ein blauer Himmel ist und bleibt ein blauer Himmel. Für den, der Wolken erwartet, ist ein blauer Himmel wunderschön. Wer aber einen Sternenhimmel bei Tage haben möchte, den wird ein blauer Himmel nie glücklich machen.

093 Mindestens zwei Fahrer

Es ist wichtig, dass sich beide Partner halbwegs mit dem Fahrzeug auskennen, um es notfalls auch fahren zu können. Schließlich kann es schnell mal passieren, dass ein Partner sich verletzt und das Camping-Fahrzeug nicht mehr fahren kann.

Beim Camping ist
Arbeitsteilung wichtig.

094 Jeder übernimmt Aufgaben

Für den Camping-Alltag lohnt es sich, Arbeiten und Verantwortung zu teilen.
Wenn der eine kocht, geht der andere spülen. Wenn der eine morgens Brötchen holt, deckt der andere den Tisch usw. Klare Regelungen und Absprachen
sind hilfreich, um Konflikte zu vermeiden. Allerdings müssen sich dann alle
Beteiligten auch an diese Absprachen halten.

095 Freizeit planen

Wenn man mit älteren Kindern und Teenies campen geht, kann sich auch
ein Freizeitplan bezahlt machen. Dabei geht es weniger darum, sämtliche
Urlaubstage zu verplanen, sondern vielmehr darum, dass jedes Familienmitglied beispielsweise einen besonderen Erlebnistag auswählen darf. Bei einer
vierköpfigen Familie gibt es so vier feste Ziele innerhalb eines Roadtrips oder
eines Camping-Urlaubs, auf die sich jedes Familienmitglied besonders freuen
kann, ohne zu kurz zu kommen.

096 Ich-Botschaften formulieren

Sollte es dennoch zum Streit kommen, ist es immer wichtig, wenn man
Details anspricht, um seinem Frust möglichst konstruktiv Herr zu werden.
Es hilft selten, allgemeine Dinge zu verteufeln, die man in der jeweiligen
Situation ohnehin nicht mehr ändern kann, oder schwere Vorwürfe zu erhe-
ben. Die „Kunst des Streitens" beginnt nie mit: „Du hast …", sondern immer
mit: „Ich empfinde …".

CAMPER-FAHRZEUGE MIETEN

Wer zum ersten Mal mit einem Camping-Fahrzeug Urlaub machen möchte, ist gut beraten, ein Fahrzeug zu mieten. So kann man in Ruhe testen, ob einem diese besondere Form des Reisens wirklich gefällt und welcher Fahrzeugtyp am besten für das eigene Reiseverhalten geeignet ist. Doch auch beim Mieten eines Camping-Fahrzeuges gibt es einige Punkte zu beachten, damit man nicht auf versteckten Kosten oder anderen Problemen sitzen bleibt.

097 Welcher Fahrzeugtyp passt?

Im Vorfeld sollten Sie gut überlegen, welchen Komfort Sie nutzen wollen. Immer mehr junge Eltern nutzen beispielsweise die Elternzeit für einen Roadtrip. Eine Tour in einem kleinen Bus klingt ja schließlich auch total romantisch – die Realität sieht aber meist etwas anders aus. Gerade wenn man mit einem Baby unterwegs sein möchte, ist ein etwas größeres Fahrzeug, in dem es z. B. ein Festbett als Rückzugsort gibt, sehr zu empfehlen.

098 Zulässiges Gesamtgewicht

Jedes Camping-Fahrzeug besitzt ein zulässiges Gesamtgewicht. Packt man zu viel ein und überschreitet dieses, kann man bei Kontrollen oder gar im Falle eines Unfalls große Probleme bekommen. Grundsätzlich gilt: Jeder, der einen Klasse-3-Führerschein vor 1999 erworben hat, darf Fahrzeuge bis 7,5 Tonnen fahren, jeder Klasse-B-Führerschein ab 1999 gilt nur noch bis 3,5 Tonnen. 3,5 Tonnen klingen vielleicht auf den ersten Blick als völlig ausreichend, wenn man allerdings zusammen mit seiner Familie campen gehen möchte, erreicht man dieses Maximalgewicht sehr schnell. Darum sollte man beim Fahrzeugmieten unbedingt darauf achten, wie viel Kilogramm Zuladung das jeweilige Mietfahrzeug noch bietet, und vor dem Tourstart gegebenenfalls eine entsprechende Waage ansteuern. Eine solche findet man häufig an TÜV-Stationen, bei Steinbrüchen oder auf dem ein oder anderen Schrottplatz/Wertstoffhof.

Wer ein Camping-Fahrzeug mietet, sollte sich im Vorfeld überlegen, welchen Komfort er haben möchte.

099 Baujahr

Wann wurde das Fahrzeug gebaut? Klar ist: Ein fünf, sechs Jahre altes Mietfahrzeug muss deutlich günstiger sein als ein jüngeres Camping-Fahrzeug.

100 Versicherungsschutz

Folgende Fragen sollten Sie unbedingt vor dem Mieten abklären:

- ❂ Ist das Fahrzeug (und vielleicht sogar das Inventar) bei Einbruch und Diebstahl versichert? Wenn ja: in welcher Höhe?
- ❂ Wie hoch ist die Selbstbeteiligung bei einem Unfall?
- ❂ Gibt es über die Versicherung einen gültigen Schutzbrief oder muss man etwa den eigenen Pannendienst rufen?

101 Private Vermietungen

Es kommt immer wieder vor, dass Camper ihr eigenes Camper-Fahrzeug vermieten, da sie es selber aktuell nicht nutzen können. Dieses Camper-Sharing wurde in den vergangenen Jahren immer beliebter. Im Grunde spricht auch nichts gegen ein privat gemietetes Fahrzeug. Wer Interesse daran hat, sollte allerdings hierfür unbedingt ein entsprechendes Portal nutzen. Denn alle Fahrzeuge, die Sie über diverse Portale mieten können, haben einen entsprechenden Versicherungsschutz. Dank der Bewertungen können Sie sich zudem vorab einen Eindruck vom Vermieter machen. Ein direktes Mieten von privat führt hingegen leider häufig zu Problemen, sollte es zu einem kleinen oder größeren Schadensfall kommen.

102 Eintrag im Fahrzeugschein

Wer ein Camping-Fahrzeug mieten möchte, muss unbedingt darauf achten, dass im Fahrzeugschein/in der Zulassungsbescheinigung 1 „Selbstfahrervermietfahrzeug" eingetragen wurde. Fehlt dieser Eintrag – was bei vielen privat vermieteten Camping-Fahrzeugen immer noch der Fall ist –, kann der Versicherungsschutz entfallen.

103 Der Hund soll mit

Ein Camping-Fahrzeug zu mieten, in welchem auch Hunde erlaubt sind, war lange Zeit ein großes Problem. Mittlerweile gibt es aber auch spezielle Vermieter, die sich auf Gäste mit vier Pfoten spezialisiert haben. Meist sind diese Fahrzeuge etwas teurer, allerdings kann man sich hier sicher sein, dass nicht jedes Hundehaar zu Problemen bei der Übergabe führt.

Auf jeden Fall sollte man mit dem Vermieter vorab absprechen, ob Hunde überhaupt erlaubt sind.

104 Versteckte Kosten

Auf machen Internetseiten finden sich preislich sehr attraktive Angebote an, die wirklichen Kosten im Detail verstecken sich allerdings im Hintergrund. Andere Vermieter haben auf den ersten Blick etwas höhere Preise, allerdings entfallen größere Zusatzkosten. Es lohnt sich deshalb sehr, auf folgende Details zu achten:

- ⚙ Wie hoch ist die mögliche Kaution?
- ⚙ Gibt es maximale Kilometer? Wenn ja, für welche Mietdauer?
- ⚙ Wie hoch ist der Preis für die Endreinigung?
- ⚙ Muss die Camping-Ausstattung (Campingstühle, Tisch usw.) zuzüglich gemietet werden?
- ⚙ Fallen Extra-Gebühren für ein Haustier an?

Sind Hunde im gemieteten Camping-Fahrzeug überhaupt erlaubt? Dies sollte man vorab unbedingt abklären!

105 Ausstattung

Folgende Utensilien sollten zur Mietausstattung gehören:

- ✿ kleine Küchenausrüstung (Besteck, Teller, Tassen, Messer, Dosenöffner, Kochutensilien)
- ✿ Wasserschlauch und Stromkabel plus entsprechende Adapter
- ✿ Campingstühle und -tisch
- ✿ Besitzt das Wohnmobil einen Fahrradhalter?
- ✿ Wurde ein Safe verbaut?
- ✿ Wie viele Gasflaschen gehören zum Fahrzeug?
- ✿ Wurde vielleicht bereits eine Solaranlage verbaut?
- ✿ Im Winter: Ist das Wohnmobil winterfest?
- ✿ Gibt es passende Schneeketten?

106 Fahrzeug-Check

Bevor man mit dem Mietfahrzeug vom Hof fährt, ist es extrem wichtig, sich alle Ecken und Kanten ganz genau anzusehen und mögliche Schäden oder Mängel zu melden. Das betrifft nicht nur das Äußere des Fahrzeugs, sondern

Beim Mieten eines Camping-Fahrzeuges sollten Sie die Vertragsbedingungen sorgfältig lesen.

auch alle Einbauten und das gesamte Interieur –vom Schmutz auf möglichen Teppichen bis zum Fleck auf den Matratzen. Ebenso lohnt es sich immer, vor der Abgabe des Fahrzeugs noch mal ein Video oder Fotos vom Fahrzeug zu machen. Es gibt nichts Ärgerlicheres, als wenn es hinterher heißt, man selbst sei für Schäden verantwortlich, die entweder bereits vorhanden waren oder wohl eher Wochen nach der Abgabe entstanden sind.

107 Mieten im Ausland im Vorfeld planen

Wenn die Anreisewege relativ lang sind, kann es sich finanziell und zeitlich lohnen, ein Camping-Fahrzeug im Ausland zu mieten – übrigens auch innerhalb von Europa.

Wer einen solchen Flugzeug-Roadtrip plant, sollte allerdings einige ganz spezielle Dinge beachten: Wenn man nicht gerade eine Langzeitreise plant, sollte man sich auf jeden Fall bereits zu Hause um das perfekte Mietfahrzeug kümmern. Vor Ort kann es einige Tage dauern, bis man einen passenden Mietcamper findet. Vor allem in der Saison sind Camping-Fahrzeuge auch im Ausland begehrt. Davon abgesehen könnten sprachliche Probleme auf einen zukommen, schließlich muss man eine Fremdsprache schon sehr gut beherrschen, um Vertrags- und Versicherungstexte zu verstehen.

108 Frühbucherrabatte nutzen

In der Regel ist es zwar etwas günstiger, wenn man ein Camping-Fahrzeug direkt am Urlaubsort bucht. Nutzt man aber den Frühbucherrabatt, sind die preislichen Unterschiede marginal. Um sich einen möglichen Frühbucher-rabatt zu sichern, sollte man etwa sechs Monate vor Reisestart beginnen, sich auf den entsprechenden Internetseiten umzusehen.

109 Schnäppchen genau studieren

Ein Camping-Mietfahrzeug-Schnäppchen zu ergattern ist natürlich klasse. Aber ganz häufig haben Schnäppchen einen Haken. Darum gilt hier, alle Angebote ganz genau zu vergleichen. Kann es vielleicht sein, dass bei dem Schnäppchen eine maximale Kilometerzahl festgelegt wurde oder dass die Van-Ausstattung nicht inkludiert ist?

110 Vorsicht Selbstbehalt!

Im Ausland kann der Eigenanteil des Versicherungsschutzes deutlich höher sein als in Deutschland üblich, und selbst kleine Schäden an einem Reisemobil können sehr schnell sehr teuer werden (Thema Dichtigkeit usw.). Bereits ein kleiner Auffahrunfall kann mit einer Selbstbeteiligung von 1000 bis 2000 Euro schnell jede Urlaubsstimmung vermiesen.

111 Schadensversicherung abschließen

Die Schadensversicherung sollte neben der Haftpflichtversicherung eigentlich obligatorisch sein, am besten natürlich als Vollkaskoversicherung, damit Glas-bruch, Vandalismus oder Schäden am Unterboden ebenfalls gedeckt sind.

WARTUNG UND PFLEGE

Die richtige Urlaubsstimmung kommt bei jedem Camper eigentlich nur dann auf, wenn man sich mit einem guten Bauchgefühl auf die Technik verlassen kann. Ein Roadtrip auf dem der Van nicht anspringt oder irgendeine rote Warnlampe flackert, macht wenig Freude. Umso wichtiger sind die richtige Pflege und Wartung des Camper-Fahrzeugs. Und: Viele kleine, aber wichtige Arbeiten kann man selber erledigen.

112 Motoröl

(Kurz vorweg: Alle folgenden Angaben sind Zirka-Angaben, die je nach Fahrzeugalter und gefahrenen Kilometern abweichen können. Die genauen Wartungsintervalle und weitere Angaben für Ihr Fahrzeug entnehmen Sie bitte Ihrem Bedienhandbuch.) Ganz wichtig ist der regelmäßige Check des Motorölstands, denn wenn die entsprechende Warnleuchte erst einmal brennt, kann es bereits zu spät sein. Dabei gilt: Je älter ein Fahrzeug ist, desto häufiger sollte man den Ölstand kontrollieren und gegebenenfalls mit dem passenden Motoröl auffüllen. Der aktuelle Ölstand wird über den Motorölmessstab festgestellt und anschließend bis etwas unter maximal aufgefüllt. Bitte nie zu viel Öl nachfüllen und darauf achtgeben, dass kein Öl auf andere Motorteile tropft.

113 Ölwechsel

Einen Ölwechsel sollten Sie ungefähr alle 20.000 Kilometer, spätestens aber alle zwei Jahre durchführen.

114 Kühlwasser

Im Motorraum befindet sich meist ein heller, runder Behälter samt Füllstandsanzeige. In diesem befindet sich das Kühlwasser. Sollte der Kühlwasserstand bei Minimum oder gar darunter liegen, muss mit destilliertem Wasser aufgefüllt werden. Zudem sollte man auf ausreichend Frostschutzmittel im Kühlwasser achten, entsprechende Messgeräte gibt es an jeder Tankstelle.

Je mehr Zeit Sie in Wartung und Pflege investieren, umso höher ist die Wahrscheinlichkeit, ohne Panne durch den Urlaub zu kommen.

115 Keilriemen

Eine maximale Kilometerzahl für den Keilriemen ist kaum zu benennen. Er sollte aber spätestens dann gewechselt werden, wenn man das typische Quietschen wahrnimmt. Bei älteren Fahrzeugen ist es manchmal sogar ganz einfach möglich, den Keilriemen zu prüfen. Sollte dieser bei Sichtkontrolle porös oder ausgefranst aussehen oder man ihn mehr als ein, zwei Zentimeter ziehen können, sollte der Keilriemen getauscht oder nachgezogen werden.

116 Zahnriemen

Hier sollten Sie Vorsicht walten lassen, denn ein gerissener Zahnriemen geht meist mit einem erheblichen Motorschaden einher. Der Intervallzeitraum ist stark vom Alter und Typ des Fahrzeugs abhängig und kann zwischen 60 000 und 240 000 Kilometern liegen. Deshalb sollten Sie unbedingt den eigenen Intervallzeitraum kennen und beachten. Jeder Zahnriemenwechsel wird im Bordhandbuch und teilweise außerdem noch mal mit einem extra Aufkleber im Fahrzeugrahmen bestätigt. Achten Sie auch beim Kauf eines gebrauchten Fahrzeugs darauf. Ein Zahnriemenwechsel wird gerne vor dem Verkauf als neu bestätigt. Dabei wird der Zahnriemen durchaus auch gewechselt, allerdings schludern Verkäufer des Öfteren bei den dazugehörigen Trägern und Spannrollen. Darum sollte man den ersten Zahnriemenwechsel nach Kauf eines gebrauchten Camping-Fahrzeuges nicht zu lange hinauszögern oder – noch besser – vor dem Kauf ganz speziell auch auf diese Dinge achten.

117 Bremsen

Besitzt das Fahrzeug Bremsbeläge, sollten diese spätestens bei zwei Millimeter Restbelag gewechselt werden (bei Trommelbremsbacken spätestens bei einem Millimeter). Moderne Fahrzeuge besitzen mittlerweile eine Warnlampe im Armaturenbrett oder einen kleinen Metallstab an den Bremsen selbst, der einen schrillen Ton erzeugt. Sollte man diesen Ton hören, ists es allerhöchste Zeit.

118 Bremsflüssigkeit

Die Bremsflüssigkeit sollte ungefähr alle zwei Jahre gewechselt werden. Da diese Wasser und Feuchtigkeit anzieht, könnte es sonst zu Problemen beim Bremsvorgang kommen.

119 Verbandskasten

Natürlich sind Verbandskasten, Warndreieck und Warnwesten auch im Camping-Fahrzeug Pflicht. Die meisten Verbandskästen sind verschlossen etwa zehn Jahre haltbar. Entnimmt man aber ein Teil aus dem Verbandskasten, muss dieses vor der nächsten Fahrt wieder aufgefüllt werden.

120 Filter Fahrzeuglüftung

Sobald aus der Fahrzeuglüftung ein modriger Geruch oder viel Staub und Pollen herausströmen, sind die Filter wahrscheinlich verstopft. In vielen älteren Modellen sitzt der Filter direkt unter dem Beifahrerfußraum und kann leicht von Ihnen selbst gewechselt werden. Einmal jährlich wäre ein Wechsel sicherlich sinnvoll, spätestens alle zwei Jahre sollten Sie auf jeden Fall daran denken.

121 Dichtigkeitsprüfung

Alle zwei Jahre sollten Camper eine Dichtigkeitsprüfung ihres Fahrzeugs in einer professionellen Werkstatt durchführen lassen. Entsprechend empfiehlt sich ein- bis zweimal jährlich eine eigene Sichtkontrolle aller besonders anfälligen Stellen:

- ✪ Schweißnähte im Fahrzeug/Aufbau-Übergang
- ✪ alle Kanten und Ecken
- ✪ Umrandungen Dachfenster
- ✪ Alkoven und Alkovenfenster
- ✪ Garage

122 Gas

Gasdruckminderer und Anschlussschlauch zur Gasflasche dürfen nicht älter als zehn Jahre sein. Sollte man allerdings sehen, dass diese Teile beschädigt oder in keinem guten Zustand mehr sind, sollte man sie unbedingt tauschen. Bitte immer von einem Profi wechseln lassen und niemals als Hobby-Handwerker an den Gasleitungen herumhantieren. Davon abgesehen ist eine Gasprüfung im Abstand von zwei Jahren bei allen Camping-Fahrzeugen Pflicht.

123 Heizung

Regelmäßig (sprich: mehrmals im Jahr) sollten Sie das Heizungsfach, den kleinen Ventilator und alle Heizungsrohre von Staub und Schmutz befreien. Zudem ist unbedingt darauf zu achten, dass die Außenbelüftung der Heizung frei von Dreck, Schnee oder Laub ist.

124 Kühlschrank

Bis heute ist in vielen neuen und den allermeisten älteren Modellen ein Absorber-Kühlschrank verbaut. Bei diesem müssen regelmäßig alle drei Laufmöglichkeiten (12 Volt, Gas, Strom) getestet werden. Die Belüftungsgitter sind zu reinigen und ab Spätherbst mit den speziellen Abdeckplatten zu versehen. Begabte Hobby-Handwerker können bei Problemen auch den Kühlschrank-Gasbrenner reinigen. Dazu die Lüftungsgitter abnehmen und den Brenner vorsichtig, z. B. mit einem weichen Pinsel, von Ruß und Staub befreien – natürlich nur im ausgeschalteten Zustand.

SAISONVORBEREITUNG

Wenn die ersten warmen Sonnenstrahlen das Frühjahr ankündigen, können sie langsam an die vor Ihnen liegende Camper-(Hoch-)Saison denken und mit den Vorbereitungen beginnen. Denn sobald alles startklar ist, spricht nichts mehr dagegen, auch mal ganz spontan bei schönem Wetter auf- und auszubrechen.

125 Reinigen der Frischwassertanks und Leitungen

Der richtige Zeitpunkt zum Reinigen der Tanks ist das Frühjahr, sobald es keinen Nachtfrost mehr gibt. In jedem Baumarkt oder Camping-Fachhandel gibt es spezielle Tankreiniger zu kaufen, auf die man auch zurückgreifen sollte. Von Tipps wie Tankreinigung mit Essigwasser oder Zahnreinigungstabletten ist abzusehen, da zum einen das Mischungsverhältnis etwa bei einem 100-Liter-Tank meist viel zu gering ist, zum anderen kann niemand sicher sagen, ob Gummidichtungen und Ähnliches auf Dauer nicht doch angegriffen werden. Bei der Anwendung sollte man sich an die Vorgaben des Herstellers halten. So reinigen Sie die Tanks und Leitungen:

1. Frischwassertank auffüllen
2. Reiniger zufügen
3. Wasserhähne öffnen, bis der Mix aus Reiniger und Wasser in allen Leitungen, Wasserhähnen und Boilern verteilt ist; wichtig: kalte und warme Leitungen nutzen.
4. Noch einmal Frischwassertank mit Wasser nachfüllen; bitte auch den Überlauf mitspülen
5. Wasserreiniger-Mix einige Stunden arbeiten lassen
6. Sieb und Perlator aus den Wasserhähnen entfernen
7. Alle Wasserhähne öffnen und den gesamten Frischwasser-Reiniger-Mix abfließen lassen; Ohren spitzen und Augen öffnen: Kann man irgendwo Undichtigkeiten hören oder gar sehen, dass irgendwo, z. B. durch Frostschäden, Wasser austritt?
8. Das Wasser mit dem Reiniger erneut eine Zeit lang im Abwassertank arbeiten lassen
9. Sollte noch etwas Wasser im Boiler verblieben sein, Frostwächter öffnen und danach wieder schließen

Beginnen Sie rechtzeitig mit den Vorbereitungen, damit Sie in die Saison starten können, sobald das Wetter es zulässt.

10. Nach der Wartezeit, die man auch gut für eine Fahrt mit vielen Kurven nutzen kann, Abwasser an einer Entsorgungsstation ablassen. Mein Tipp: Ein bisschen von diesem Wasser kann man sehr gut dafür nutzen, den Toiletten-Kanister zu spülen

11. Frischwassertank, Leitungen und Wasserhähne sehr gut spülen, damit kein Reiniger mehr im Tank verbleibt – fertig!

Die gesamte Prozedur sollte man ein- bis zweimal pro Jahr wiederholen.

126 Reinigen: Schränke

Alle Fächer werden vor dem Packen des Campers einmal mit viel Essig im Wasser (Verhältnis eins zu drei) geputzt. Durch den Essig kann man andere, scharfe Reinigungsmittel vermeiden, und störende Tiere wie Ameisen oder gar Mäuse werden trotzdem vertrieben, da sie den Geruch nicht mögen. Während des Putzens bitte alle Schrankecken und Oberflächen hinsichtlich möglicher Beschädigungen, Wassereintritt oder gar Tierkot überprüfen.

Achtung bei Kunststoff-
fenstern – herkömmliche
Glasreiniger können
Risse verursachen.

127 Reinigen: Fensterscheiben

Alle Fenster und die Windschutzscheibe müssen von innen und außen geputzt werden. Doch Vorsicht: Für Kunststofffenster sollte man entweder nur viel klares Wasser oder einen Spezialreiniger nutzen. Handelsübliche Fensterreiniger können Rissbildungen fördern.

128 Reinigen: Dichtungen

Alle Gummidichtungen an Fenstern, Dachfenstern, Türen und Einstiegskästen sind am besten mit einem Gummipflegestift zu behandeln.

129 Reinigen: Scharniere und Gelenke

Schlösser, Türscharniere, der Markisen-Mechanismus, die Markisen-Standbeine und Dach-/Hebe-Kippdach-Gelenke werden mit Kriechöl behandelt. Doch Vorsicht: Dabei ist weniger mehr.

130 Prüfen: Dach

Am besten mit einer Leiter das Dach auf Hagelschäden, starke Moosbildung oder sonstige Schäden überprüfen. Dabei sollten Sie es allerdings nicht betreten, es könnten sich Haarrisse bilden – ausgenommen sind Expeditionsmobile oder ähnliche Gefährte mit speziell verstärktem Dach.

131 Prüfen: Rost und Alu-Fraß

Boden und Radkästen werden auf Roststellen untersucht und das gesamte Reisemobil auf möglichen Alu-Fraß (kleine runde Flecken) überprüft.

132 Prüfen: Wartungsbereiche

Motorölstand, Reifendruck, Kühlwasser und Wischwasser müssen vor Saisonbeginn überprüft werden (siehe Kapitel „Wartung und Pflege").

PRAKTISCHE UMBAUTEN

Hobby-Handwerker und Bastler sind bei einem Camping-Fahrzeug in ihrem Element. Viele Dinge, die nützlich und praktisch sind, kann man oft mit nur geringem Aufwand selbst herstellen und so den Komfort erhöhen und gleichzeitig Kosten sparen.

133 Ein Tisch für drinnen und draußen

Verbindet man den Tisch im Fahrzeug nicht fest mit dem Boden, kann man diesen praktischerweise für innen und außen nutzen. Besonders einfach gelingt dies mit einem klappbaren Tischbein und einer Holzleiste an der Fahrzeug-Innenwand. Dank der Holzleiste liegt die Tischplatte stabil auf, und wenn man zudem klappbare Tischbeine nutzt, kann man den Tisch draußen – je nach Bedarf – auch mal höher oder niedriger nutzen.

134 Klapptische

Klapptische an Seitenwänden und Küchenzeile können gut eingesetzt werden, um den Platz im Van deutlich besser auszunutzen. Passende Tische gibt es bereits im kompletten Set zu kaufen, günstiger wird es allerdings, wenn man eine kleine passende Holzplatte und ein Scharnier einzeln im Baumarkt kauft.

135 Spiegel zur Raumvergrößerung

Um den Raum im Van optisch zu vergrößern, sind Spiegelplatten optimal. Dazu eignet sich die mittelstarke Qualität am besten, denn diese Platten halten dank doppelseitigem Klebeband, Klettbändern oder speziellen, wieder zu lösenden Klebepunkten sicher, da sie nicht so schwer sind, vergrößern den Raum und haben als Spiegelfläche auch noch einen ganz praktischen Nutzen.

Praktisch, wenn man den Tisch im Van innen und außen nutzen kann.

Spiegelplatten können den Raum optisch vergrößern und im Camping-Alltag sehr hilfreich sein.

136 Fliegengitter einbauen

Selbst ausgebaute Vans haben häufig keine Fliegengitter an Türen oder Fenstern, welche im Sommer allerdings extrem sinnvoll sind. Dieses Problem kann man ganz einfach lösen, indem man ein handelsübliches Fliegengitter kauft, es auf die passende Größe zuschneidet und einfach mit kleinen Magneten von außen vor den Fenstern oder Türen befestigt.

Kleine, starke Magnete haben noch einen zweiten Vorteil für alle kleinen Camping-Fahrzeuge, die eine Heckklappe besitzen. Wenn man diese öffnet und mit den Magneten rundherum einen Duschvorhang befestigt, entsteht schnell eine Art einfaches Vor- oder Duschzelt.

137 Zusätzlicher Stauraum

Ein einfaches Rohr aus dem Baumarkt (mit Deckel) eignet sich sehr gut, um weiteren Stauraum zu ermöglichen. Wenn man das Rohr direkt über der Stoßstange am Heck des Campingbusses befestigt, ergibt sich ein praktischer Stauraum für Ski, Angeln, Drachen, Walking-Stöcke u. Ä.

138   Gegen nervige Klappergeräusche

Heutzutage ist es fast schon egal, ob es sich um ein altes oder neues Camping-Fahrzeug handelt: Es kommt immer wieder vor, dass Türen, Schrankklappen oder Rollos während der Fahrt klappern. Dies kann man ganz einfach beheben, indem man kleine, selbstklebende Moosgummi-Plättchen zwischen die klappernden Bereiche klebt. Die kleinen Gummiplatten bekommt man in jedem Bastelgeschäft; sie kosten nur wenige Euro und halten ewig.

139   Kreative Wäscheleine

Sobald man sich im Urlaub befindet und das Wetter nicht überragend gut ist, kommt in kleinen Fahrzeugen schnell die Frage auf, wohin mit feuchten Handtüchern nach dem Duschen. Eine ganz einfache, schnelle Wäscheleine bekommt man, indem man einen Spanngurt, von Handgriff zu Handgriff, durch das Fahrerhaus spannt. So können die feuchten Handtücher gut trocknen, ohne dass sie ständig im Weg sind.

140   Tuchhalterungen selbst gemacht

Kleine, nicht klappernde und sehr stabile Trockentuch- und/oder Handtuchhalter kann man sich mit wenigen Handgriffen selbst basteln. Dazu einfach einen alten Tennisball der Mitte nach durchschneiden, jeweils in der Mitte jeder Ballhälfte etwa einen Zentimeter einschneiden und mit zwei bis drei Klebepunkten im Van befestigen. Sobald die Klebepunkte getrocknet sind, kann man sämtliche Tücher in der Ballhälfte befestigen, ohne weitere Haken oder Ähnliches zu nutzen.

Bei Regen sollte man die Wäscheleine
im Inneren des Fahrzeugs spannen.

MEHR POWER GEFÄLLIG?

Solange man während eines Roadtrips vor allem auf Stell- und Campingplätzen steht, bekommt man dank der vorhandenen Stromanschlüsse keine Batterie-Probleme. Anders sieht es aus, wenn man als Camper oft freistehen möchte bzw. vor allem einfache Stellplätze ohne Landstromanschluss nutzt. Deshalb überlegen sich viele Camper Möglichkeiten, um die Dauer der Energieversorgung zu erhöhen bzw. die bestehende Energieversorgung bestmöglich auszunutzen.

141 Durchschnittliche Batterielaufzeit

Bei einer üblichen Batterie-Versorgung eines Van-Aufbaus mit etwa 100 Ampèrestunden und einem normalen Camping-Alltag (Licht am Abend, Laden von Mobiltelefonen, Laptops, Kamera, vielleicht ein bis zwei Stunden TV, heißes Wasser aus dem Boiler zum Spülen und Waschen, hin und wieder Heizung in der Nacht) reicht die Batteriespannung in der Regel für zwei bis drei Tage. Danach muss man entweder eine ganze Weile fahren (ca. zwei bis drei Stunden), damit die Aufbaubatterie durch die Lichtmaschine wieder komplett aufgeladen wird, oder aber man verbindet den Van mit einem Stromanschluss, wodurch die Batterie ebenfalls aufgeladen wird.

142 Zusatzenergie: zweite Bordbatterie

Jedes Reisemobil ist mit mindestens zwei Batterien ausgestattet: zum einen mit der Batterie im Motorraum wie bei jedem normalen Pkw auch, zum anderen mit einer Batterie für den Wohnmobil-/Van-Aufbau. Über diese Bordbatterie werden sämtliche im Camper-Fahrzeug befindlichen Steckdosen und elektronischen Einbauten versorgt, solange man das Fahrzeug nicht an den Landstrom anschließt. Um die allgemeine Leistungsfähigkeit zu erhöhen, bauen viele Camper nachträglich eine zweite Bordbatterie ein – eine relativ einfache Möglichkeit, um die Energiekapazität deutlich zu erhöhen. Allerdings sollte man unbedingt darauf achten, dass beide Batterien von derselben Art, Stärke und Lebensdauer sind.

In sonnigen Regionen zunehmend beliebt: Solarpanels.

143   Vor- und Nachteile: Blei-Säure-Batterie/Nassbatterie

+ „Altbekannt"; relativ günstig; mittlerweile meist wartungsfrei
- Vergleichsweise wenige Ladezyklen möglich; Entladetiefe liegt bereits bei ca. 50 Prozent; die enthaltene Säure könnte auslaufen; die Batterie gast aus, wodurch man regelmäßig lüften muss

144   Vor- und Nachteile: Gelbatterie

+ Höhere Anzahl an Ladezyklen; bessere Leistung bei ähnlicher Größe; verträgt auch mal eine Entladung von bis zu 70 Prozent; eingekapselte Bauweise, wodurch das Gel nicht auslaufen kann
- Teurer als Blei-Säure-Batterien; sehr hohes Gewicht; benötigt ein spezielles Ladegerät; verträgt Minustemperaturen nicht gut

145   Vor- und Nachteile: AGM-Batterien

+ Geringeres Gewicht; verträgt eine Entladung von 85 bis 90 Prozent; ähnliche Anzahl an Ladezyklen möglich wie bei Gelbatterien; entlädt sich selbst so gut wie nie
- Benötigt ein spezielles Ladegerät mit Temperatursensor, denn entstehende Ladungshitze verträgt sie nicht gut; preislich höher

146 Vor- und Nachteile: Lithium-Ionen-Batterie

- + In der Praxis allen anderen Batterien überlegen: klein; leicht; sehr, sehr viele Ladezyklen möglich; wartungsfrei; schnelles Aufladen; Tiefentladung möglich
- − Sehr, sehr hochpreisig

147 Dauerhaft unabhängig: das Solarpanel

Viele Camping-Fahrzeuge werden heutzutage nachträglich mit einer Solaranlage ausgestattet – eine klasse Möglichkeit für alle Camper, die vor allem in sonnigen Regionen unterwegs sind. Einmal auf dem Dach des Reisemobils/ Caravans installiert, liefert ein Solarpanel zuverlässig Energie und ist zudem „unsichtbar" und geräuschlos. Allerdings: Solarpanels liefern natürlich nur dann Energie, wenn die Sonne scheint. Auch herabfallendes Laub oder Ähnliches kann die Leistung des Panels deutlich einschränken.

148 Winter-Variante: der Dieselgenerator

Dieselgeneratoren sind vor allem bei freistehenden Winter-Campern sehr beliebt. Der größte Vorteil ist, dass man vollkommen wetterunabhängig Energie erzeugen kann. Allerdings haben die meisten Dieselgeneratoren auch heute immer noch einen erheblichen Nachteil: ihre Lautstärke. Möchte man einen solchen Generator zwischen anderen Campern beispielsweise auf einem Stellplatz ohne Stromanschluss nutzen, ist es nur eine Frage der Zeit, bis sich die Nachbarn beschweren. Ein Dieselgenerator während der Mittagsstunden oder gar zur Nachtruhe zu nutzen, um die Batterie aufzuladen, birgt also erhebliches Streitpotenzial. Ganz abgesehen davon, dass auch der Geruch für den Camper selbst nicht angenehm ist. Deshalb sind Dieselgeneratoren im Grunde nur in Situationen zu gebrauchen, in denen man als Camper sehr, sehr einsam steht.

149 Immer beliebter: die Brennstoffzelle

Wer eine Brennstoffzelle in sein Camper-Fahrzeug verbaut, hat ab diesem Zeitpunkt keinerlei Energieprobleme mehr. Denn sobald die Bordbatterie schwächelt, springt die Brennstoffzelle ein und versorgt das Gefährt wieder mit Energie. Doch selbst diese kleinen Wunderwerke haben zwei Haken: zum einen den Anschaffungspreis, da man schon bei der kleinsten Zelle mit einigen Tausend Euro rechnen muss; zum anderen benötigt eine Brennstoffzelle Ethanol, um zu funktionieren. Mit einem 5-Liter-Kanister kommt man zwar einige Wochen aus, früher oder später muss man aber daran denken, diesen wieder aufzufüllen. Sonst könnte es trotz imposanter Brennstoffzelle geschehen, dass man den wunderbar einsamen See in Schweden vorzeitig verlassen muss, weil die Bordbatterie leer ist.

150 Für die Freizeit perfekt: die Powerbank

Powerbanks gibt es mittlerweile in schier unzähligen Varianten, von der ganz kleinen Version in der Größe eines Kugelschreibers über solche mit Solarzellen bis zum Akku in der Größe eines Tablet-PCs. Der große Vorteil einer guten Powerbank: Man kann sie überallhin mitnehmen und Tablets, Mobiltelefone oder E-Reader, manchmal sogar einen großen Laptop, teilweise sogar mehrfach aufladen. Das schont die Bordbatterie und ein „regnerischer Camping-DVD-Abend" ist dennoch problemlos möglich. Eine große Powerbank sollte man allerdings am besten bereits zu Hause einmal voll aufladen.

151 Wechselrichter

Sobald man ein elektronisches Gerät, welches 230 Volt benötigt, während des Freistehens nutzen möchte, benötigt man einen sogenannten Wechselrichter. Dieser ermöglicht den Wechsel von der 12-Volt-Stromversorgung an Bord auf 230 Volt. Wenn Sie also z. B. Ihre Kaffeemaschine von zu Hause während des Wildcampens am schwedischen See nutzen möchten, ist ein Wechselrichter unumgänglich. Allerdings muss dieser auch stark genug sein, um die Leistung der Kaffeemaschine zu ermöglichen. Bedenken Sie außerdem, dass die Kaffeemaschine unheimlich viel Energie aus der Bordbatterie benötigt, sodass es passieren kann, dass diese bereits nach der dritten Tasse Kaffee entladen ist.

EINWINTERUNG

Bevor der Winter Einzug hält – also dringend vor dem ersten Frost –, sollte man das Camper-Fahrzeug unbedingt winterfest machen, um bösen Überraschungen, Frostschäden und Schäden durch Tiere und Feuchtigkeit vorzubeugen.

152 Wasser ablassen

Das Wasser restlos (!) ablassen – dazu den Frischwassertank und den Boiler leeren, die Wasserhähne öffnen und das gesamte Wasser aus den Leitungen entfernen. Erneut unbedingt wieder an Warm- und Kaltwasserleitungen denken. Danach das Abwasser ablassen und alle Tanköffnungen offen stehen lassen. Sollte das Fahrzeug über einen separaten Toilettentank verfügen, bitte auch diesen restlos leeren.

153 Restfeuchtigkeit entfernen

Die restliche Feuchtigkeit entweder durch kräftiges Heizen oder mit sanfter Druckluft durchpusten. Wenn Sie Druckluft verwenden, bitte vorher die Wasserhähne öffnen. Ich empfehle eindeutig die Variante „kräftig durchheizen".

154 Ausräumen

Alle Lebensmittel, Kleidungsstücke und Stoffe wie Bettwäsche, Handtücher etc. aus dem Fahrzeug entfernen. Ebenso alle Produkte, die empfindlich auf Feuchtigkeit reagieren, z. B. Ladegeräte, Klebebänder oder Ähnliches, ausräumen.

155 Decken und Kissen

Sämtliche Kissen, Decken und Matratzen entweder aus dem Camper-Fahrzeug entfernen oder aufstellen. Vorsicht: nicht an die Fenster lehnen, da diese im Winter häufig sehr feucht werden.

Winter-Camper müssen
darauf achten, dass das
Wasser nicht einfriert.

156 Luft entfeuchten

Sehr gut funktioniert folgender Tipp: Alte Socken mit Katzenstreu füllen, mit einer Kordel verschließen und als Luftentfeuchter im Innenraum verteilen. (Reis funktioniert hierbei übrigens nicht.)

157 Wartung

Alle Schlösser mit Kriechöl und die Gummidichtungen mit einem Pflegestift behandeln, um sie auch bei Frost leichtgängig zu halten.

158 Parken

Wenn möglich, das Camper-Fahrzeug auf einem schrägen Untergrund parken. So können Eis, Schnee und Regen besser ablaufen.

159 Batterien

Die Batterien mit einer speziellen Thermofolie (im Fachhandel erhältlich) isolieren, zwischenzeitlich immer mal wieder aufladen oder, wenn möglich (das ist vor allem bei älteren Modellen der Fall), die Starterbatterie entfernen und an einem wärmeren, trockenen Ort aufbewahren (zusätzlicher Diebstahlschutz).

160 Elektrik

Am Schluss der Einwinterungs-Arbeiten die gesamte Elektrik am Hauptschalter ausstellen und alle Wasserhähne und Schranktüren öffnen bzw. offen stehen lassen.

161 Winter-Camping

Natürlich macht es einen Unterschied, ob das Camping-Fahrzeug den gesamten Winter hindurch steht, zwischendurch mal genutzt wird oder sogar im Winter regelmäßig als rollendes Heim dient. Mit den hier genannten Vorbereitungen kommt das Fahrzeug stehend gut über den Winter. Je häufiger Sie es allerdings heizen und nutzen, desto weniger Mühe müssen Sie sich beispielsweise mit dem Ausräumen von Kleidung und Lebensmitteln geben. Vorsicht ist allerdings bei dem Thema Wasser geboten. Hier kann bereits eine einzige Nacht mit Minustemperaturen zu erheblichen Frostschäden an Wasserhähnen, Boiler und Leitungen führen. Gerade weil das Entleeren sämtlicher Leitungen, Tanks und Wasserhähne eine so wichtige, wenn auch zeitaufwendige Angelegenheit ist, nutzen viele Wochenend-Wintercamper einen separaten Wasserkanister zum Kochen und die Sanitäranlagen auf Stell- und Campingplätzen. So bleibt das Fahrzeug trocken und man erspart sich relativ viel Arbeit für das kurze Vergnügen eines Winter-Campingwochenendes (s. dazu auch Seite xx).

162 Heizen

Wenn das Camping-Fahrzeug den gesamten Winter hindurch stehen bleiben soll, lohnt es sich, ein- bis zweimal im Monat richtig durchzuheizen. So kann überschüssige Feuchtigkeit trocknen und Schnee und Eis haben die Möglichkeit anzutauen, um so leichter vom Dach zu rutschen. Überwintert es in einer beheizten Halle, kann man sich diesen Schritt natürlich sparen.

163 Schnee entfernen

Bei Schneefall sollte man das Dach eines Reisemobils/Caravans regelmäßig vom Schnee befreien, da es ansonsten durch das hohe Gewicht des Schnees an den Dachfenstern, Übergängen und Kanten zu Schäden kommen kann. Wurden allerdings Solarzellen auf dem Dach installiert, sollten diese nur sehr behutsam und vorsichtig vom Schnee befreit werden – also auf keinen Fall kratzen.

ANDERE LÄNDER, ANDERE SITTEN

Wer im Ausland unterwegs ist, sollte sich rechtzeitig mit den Vorgaben und Regeln dort, aber auch mit Gepflogenheiten und kulturellen Unterschieden vertraut machen, denn sie beeinflussen auch viele Bereiche des Camper-Lebens.

164 Frankreich: Energieversorgung

Viele französische Stellplätze bieten nur ein bis zwei Notfall-Steckdosen direkt an der Ver- und Entsorgung. Hier kann man das Camper-Fahrzeug an den Landstrom anschließen, wenn es unbedingt nötig ist. Die Kosten für eine Stunde Strom sind mit etwa drei bis fünf Euro allerdings sehr hoch.

165 Frankreich: Mautgebühren

Die Fahrt über französische Autobahnen kostet teilweise Mautgebühren (péage), dafür erwarten einen dann aber auch sehr gut ausgebaute Strecken.

166 Frankreich: Kreisverkehr

Frankreich ist ein Land der Kreisverkehre. Lange Strecken über Land können sich aufgrund der großen Anzahl an Kreisverkehren ganz schön ziehen.

167 Frankreich: Routen planen

Es lohnt sich, die verschiedenen Tagesrouten bewusst auszuwählen. Möchten Sie rasch vorankommen und „Kilometer machen" wollen, sollten Sie die Autobahnen bevorzugen, gibt es eine schöne Küstenstraße zum nächsten Spot ist die Landstraße die richtige Wahl.

168 Frankreich: Bremsschwellen

Vorsicht sollten Sie bei durch gezackte Linien eingezeichneten 30-km/h-Zonen walten lassen. Die 30er-Zonen in Frankreich werden zum Teil durch sehr hohe Bremsschwellen auf den Straßen angezeigt. Hier sollte man die Geschwindigkeit unbedingt stark reduzieren, sonst öffnen sich durch die starke Erschütterung im Camper-Fahrzeug sämtliche Türen und Schubladen.

169 Niederlande: Camping- und Stellplätze

In den ganzen Niederlanden gibt es deutlich mehr Camping- als Stellplätze, allerdings befinden sich viele Stellplätze aktuell im Bau.

170 Niederlande: Übernachtungsgebühren

Achten Sie auf die Preise auf den Plätzen – manchmal kostet der Stellplatz genauso viel wie der nahe gelegene Campingplatz, der aber über deutlich größere Parzellen verfügen.

Je weiter man in den Norden Skandinaviens reist, umso spärlicher ist die Infrastruktur gesät.

171 Niederlande: parken

An den Küsten gibt es immer wieder (Park-)Plätze, auf denen man tagsüber mit dem Wohnmobil halten darf, aber spätestens ab 20 Uhr werden diese Plätze geräumt. Unbedingt auf die Hinweisschilder vor Ort achten!

172 Skandinavien: Infrastruktur

Je weiter man in den Norden kommt, desto spärlicher ist die gesamte Infrastruktur gesät. Die Wege zum nächsten Supermarkt, einer Apotheke oder gar einem Arzt können relativ lang werden – das sollte jeder Camper vorab bedenken.

173 Skandinavien: Kartenzahlung

In den skandinavischen Ländern wird inzwischen so gut wie alles per Karte bezahlt, von der Parkuhr bis zum Brötchen. Deshalb ist eine Kreditkarte hier sehr zu empfehlen.

174 Skandinavien: tanken

Tankstellen sind vor allem hoch im Norden rar – nutzen Sie deshalb jede Tankstelle zum Nachtanken, man weiß nie, wie weit entfernt die nächste Tankstelle liegt ... und ob diese dann auch geöffnet hat.

175 Skandinavien: Jedermanns-Recht

Das immer wieder erwähnte „Jedermanns-Recht" gilt nicht für Camper mit Fahrzeugen, sondern nur für Wanderer oder Reisende mit Zelt. Einfach auf einem Grundstück außerhalb der Ortskerne zu übernachten ist also grundsätzlich nicht erlaubt.

176 Kroatien: rechtzeitig reservieren

Kroatien ist bei vielen Campern sehr beliebt, sodass begehrte Campingplätze bereits im Frühjahr für die Sommersaison ausgebucht sind. Frühzeitiges Reservieren lohnt sich.

177 Kroatien: Wasserschuhe einpacken

Die Küste Kroatiens besteht fast ausschließlich aus Steinen und Felsen. Wasserschuhe sehen vielleicht nicht besonders stylish aus, sind aber gerade in Kroatien sehr empfehlenswert.

178 Portugal: Probleme mit Anwohnern

Aufgrund von Massen an Campern mit weniger gutem Verhalten sind Wohnmobilisten an einigen Küstenorten nicht mehr gern gesehen und es kommt schnell zu Problemen mit Anwohnern.

179   Portugal: ins Landesinnere ausweichen

Im Landesinneren ist das Campieren im Allgemeinen deutlich entspannter, da die meisten Camper nur an der Küste unterwegs sind.

180   Griechenland: Fähre nutzen

Dank der Fährverbindung Italien–Griechenland ist das griechische Festland vergleichsweise schnell zu erreichen.

181   Griechenland: Jahreszeit

Vor allem in den Herbst- und Wintermonaten wird Griechenland für Camper immer beliebter.

182   Italien: Camping- und Stellplätze

An der italienischen Küste gibt es riesengroße Campingplätze, die zum Teil kleinen Dörfern gleichen. Da dort der Weg zum Strand, zum Pool oder dem Hundeauslauf sehr lang werden kann, sollte man dies bei der Parzellenwahl beachten.

183   Großbritannien: Camping- und Stellplätze

Um Campingplätze in Großbritannien nutzen zu dürfen, muss man fast immer Mitglied eines Campingclubs werden. Diese bieten mittlerweile aber spezielle Touristen-Beiträge für einen gewissen Zeitraum an.

184   Großbritannien: Privatgrundstücke

Viele Grünflächen sind riesige Privatgrundstücke und gehören beispielsweise zu einer Farm. Darauf sollte man als Camper unbedingt achten, denn oftmals sind diese Flächen nicht auf den ersten Blick als Privatgrundstück erkennbar. Es kann sich aber durchaus lohnen, die Besitzer freundlich zu fragen, ob man eine Nacht stehen bleiben darf.

Südliche Länder sind für Camper auch im Herbst oder Winter zunehmend attraktiv.

185 Großbritannien: Linksverkehr

In allem Ländern Großbritanniens herrscht Linksverkehr, hier wird grundsätzlich auf der anderen Seite gefahren.

186 Großbritannien: Mautgebühren

Vorsicht vor der City- und Umweltmaut in London! Dafür muss man sich vorab online registrieren. Die Gebühren sind relativ hoch, die Strafen allerdings nochmals deutlich höher.

187 Großbritannien: Routenplanung

Vor allem die ländlichen Küstenstraßen können sehr steil, eng oder auch kurvenreich sein, Camper mit sehr langen Mobilen oder Gespannen bekommen hier oft Probleme. Eine gute Routenplanung ist hier angebracht.

HÖCHSTGESCHWINDIGKEITEN IM AUSLAND

Für Camping-Fahrzeuge bis 3,5 Tonnen gelten im europäischen Ausland unterschiedliche Tempolimits. Im Folgenden sind die wichtigsten Fakten zusammengefasst. Nur ein Wort vorweg: Vorrang hat natürlich immer die aktuelle Beschilderung vor Ort.

188 Deutschland

Innerorts: 50 km/h, außerorts: 100 km/h, Autobahnen: 130 km/h als Richtgeschwindigkeit

189 Dänemark

Innerorts: 50 km/h, außerorts: 80 km/h, Autobahn: 130 km/h

190 England/Großbritannien

In England gelten „miles per hour", deshalb kommt es zu den eigenartigen km/h-Angaben. Innerorts: 48 km/h, außerorts: 96 km/h, Autobahn: 112 km/h

191 Frankreich

Innerorts: 50 km/h, außerorts: 100 km/h, Autobahn: 130 km/h

192 Frankreich: Fahranfänger

In Frankreich dürfen Fahranfänger in den ersten drei Jahren nach dem Führerscheinerwerb maximal 110 km/h auf Autobahnen fahren.

Das Nichtbeachten von Geschwindigkeitsbegrenzungen kann teuer werden.

193 Griechenland

Innerorts: 50 km/h, außerorts: 90 km/h, Autobahn: 120 km/h

194 Island

Innerorts: 50 km/h, außerorts auf Asphalt: 90 km/h, außerorts auf Schotter: 80 km/h

195 Italien

Innerorts: 50 km/h, außerorts: 90 km/h, Autobahn: 130 km/h

196 Italien: Fahranfänger

In Italien dürfen Fahranfänger in den ersten drei Jahren nach dem Führerscheinerwerb maximal 100 km/h auf Autobahnen fahren.

In Spanien gelten besondere Regeln. Hier dürfen Reisemobile bis 3,5 Tonnen auf einspurigen Schnellstraßen außerorts bis zu 90 km/h fahren.

197 Kroatien

Innerorts: 50 km/h, außerorts: 90 km/h, Autobahn: 130 km/h

198 Kroatien: junge Fahrer

In Kroatien dürfen junge Erwachsene bis 24 Jahre außerorts maximal 50 km/h und auf Autobahnen maximal 120 km/h fahren.

199 Niederlande

Innerorts: 50 km/h, außerorts: 80 km/h, Autobahn: 130 km/h

200 Norwegen

Innerorts: 50 km/h, außerorts: 80 km/h, Autobahn: 100 km/h

201 Österreich

Innerorts: 50 km/h, außerorts: 100 km/h, Autobahn: 130 km/h; allerdings gilt auf fast allen Autobahnen nachts zwischen 22 und 5 Uhr eine Geschwindigkeitsbeschränkung auf 110 km/h.

202 Polen

Innerorts zwischen 5 und 23 Uhr: 50 km/h, innerorts nachts 60 km/h, außerorts: 90 km/h, Autobahn: 140 km/h

203 Portugal

Innerorts: 50 km/h, außerorts: 100 km/h, Autobahn: 120 km/h

204 Schweden

In und um größere/n Städte/n in der Regel innerorts: 50 km/h, außerorts: 70 km/h, Autobahn: 110 km/h; Schweden regelt die Geschwindigkeitsbegrenzung nicht einheitlich, darum sollte man hier stets auf die Beschilderung vor Ort schauen.

205 Schweiz

Innerorts: 50 km/h, außerorts: 80 km/h, Autobahn: 120 km/h

206 Spanien

Innerorts: 50 km/h, außerorts: 80 km/h, Autobahn 120 km/h bzw. 100 km/h für Reisemobile bis 3,5 Tonnen

207 Hohe Geldstrafen

Geschwindigkeitsüberschreitungen im Ausland können schnell sehr, sehr teuer werden. Besonders weh tut das Loch in der Urlaubskasse in Norwegen, der Schweiz und in Italien. Hier kostet eine Geschwindigkeitsüberschreitung von 20 km/h zwischen 170 und 400 Euro.

KLEINER SPRACHFÜHRER

Fünf wichtige Camping-Begriffe – Wohnmobil, Wohnwagen, Camping verboten, parken verboten, Naturschutzgebiet – finden Sie im Folgenden in 15 verschiedenen Sprachen.

208 Englisch

Wohnmobil: mobile home, Wohnwagen: caravan oder trailer, Camping verboten: camping prohibited oder no camping, parken verboten: no parking, Naturschutzgebiet: nature reserve

209 Dänisch

Wohnmobil: mobilhome oder autocamper, Wohnwagen: campingvogn, Camping verboten: camping forbudt, parken verboten: parkering forbudt, Naturschutzgebiet: naturreservat

210 Französisch

Wohnmobil: mobil home, Wohnwagen: caravane, Camping verboten: camping interdit, parken verboten: parking interdit oder garer interdit, Naturschutzgebiet: réserve naturelle

211 Griechisch

Wohnmobil: κινητό σπίτι, Wohnwagen: τροχόσπιτο, Camping verboten: απαγόρευση κατασκήνωσης, parken verboten: απαγόρευση στάθμευσης, Naturschutzgebiet: προστατευόμενη περιοχή

Hier gilt wohl: campeggio vietato, parcheggio vietato und riserva naturale.

212   Italienisch

Wohnmobil: casa mobile, Wohnwagen: roulotte, Camping verboten: campeggio vietato, parken verboten: parcheggio vietato, Naturschutzgebiet: riserva naturale

213   Irisch / Gälisch

Wohnmobil: RV, Wohnwagen: carbhán, Camping verboten: toirmisctear campáil, parken verboten: toirmeasc páirceála, Naturschutzgebiet: anaclann dúlra

214   Isländisch

Wohnmobil: hjólhýsi, Wohnwagen: hjólhýsi, Camping verboten: bannað tjaldsvæði, parken verboten: bannað bílastæði, Naturschutzgebiet: friðland

215   Kroatisch

Wohnmobil: mobilna kućica, Wohnwagen: karavan, Camping verboten: zabranjeno kampiranje, parken verboten: zabranjeno parkiranje, Naturschutzgebiet: prirodni rezervat

Übersetzungs-Apps können im Ausland sehr hilfreich sein, zur Not kommt man innerhalb Europas aber meist auch mit ein paar englischen Begriffen, Freundlichkeit sowie „Händen und Füßen" ans Ziel.

216 Niederländisch

Wohnmobil: stacaravan oder kampeerwagen, Wohnwagen: caravan oder woonwagen, Camping verboten: kamperen verboden, parken verboten: parkeren verboden, Naturschutzgebiet: natuurreservaat

217 Norwegisch

Wohnmobil: mobilhytte oder bobil, Wohnwagen: campingvogn, Camping verboten: camping forbudt, parken verboten: parkering forbudt, Naturschutzgebiet: naturreservat

218 Polnisch

Wohnmobil: przyczepa stacjonarna oder samochód, Wohnwagen: przyczepa kempingowa, Camping verboten: kemping zabroniony, parken verboten: zakaz parkowania, Naturschutzgebiet: rezerwat przyrody

219 Portugiesisch

Wohnmobil: autocaravana, Wohnwagen: caravana oder roulote, Camping verboten: campismo proibido, parken verboten: estacionamento proibido, Naturschutzgebiet: reserva natural

220 Schwedisch

Wohnmobil: husbil, Wohnwagen: husvagn, Camping verboten: camping förbjuden, parken verboten: parkering förbjuden, Naturschutzgebiet: naturreservat

221 Schottisch/Gälisch

Wohnmobil: tachartas dachaigh, Wohnwagen: carabhan, Camping verboten: campachadh toirmisgte, parken verboten: toirmeasg pàircidh, Naturschutzgebiet: tearmann nàdair

222 Spanisch

Wohnmobil: auto caravana, Wohnwagen: caravana, Camping verboten: prohibido acampar, parken verboten: prohibido estacionar, Naturschutzgebiet: reserva natural

ORIENTIERUNG IN MODERN TIMES

Soll man noch ein paar Straßenkarten einpacken? Oder reicht heutzutage das Navi im Fahrzeug völlig aus? Folgende Tipps helfen Ihnen, sich on the road zurechtzufinden.

223 Navigationsgeräte

Im Handel gibt es mittlerweile spezielle Navigationsgeräte für Reisemobilisten. Das Besondere hierbei ist, dass man die genauen Maße und das Gewicht des Fahrzeugs einspeichern kann, um eine Route abseits von zu tiefen Brücken oder sehr schmalen Straßen zu wählen. Bei sehr hohen bzw. langen und schweren Fahrzeugen mag das durchaus sinnvoll sein, aber für alle üblichen Reisemobile und Vans sind die angesprochenen Hindernisse innerhalb von Europa höchst selten.

224 Navigations-Apps

Bei fest eingebauten Navigationsgeräten kann es aber sehr sinnvoll sein, eine zusätzliche Navigations-App auf das Mobiltelefon oder den Tablet-PC zu laden und – um das Datenguthaben zu schonen – die entsprechenden Länderstraßenkarten zu speichern. Viele dieser Apps bieten eine Übersicht über nahgelegene Tankstellen oder auch größere Parkplätze innerhalb von Städten. Beides kann on tour sehr hilfreich sein. Zudem arbeiten die bekannten Stellplatz-Apps direkt mit vielen Navigations-Apps zusammen, was das Handling extrem vereinfacht.

225 GPS-Daten verstehen

Egal, ob es für das Planen der Route, für die Suche nach einem perfekten Schlafplatz oder auch nur zur Freizeitbeschäftigung wie Geocaching ist: Es kann sehr nützlich sein, wenn man einmal verstanden hat, wie sich GPS-Daten zusammensetzen.

⚙ Üblicherweise werden GPS-Daten heutzutage im Sexagesimalformat angegeben. Dabei ist es so, dass der gesamte Erdball mit einem Koordinatensystem überzogen ist. Vom Äquator aus bis zu den Polen gibt es die

Die Natur Skandinaviens ist phänomenal, die Navigation hoch oben im Norden kann dagegen schwierig werden. Gut, wenn Sie einen Straßenatlas dabeihaben.

Breitengrade, wobei der Nordpol bei 90 und der Südpol bei minus 90 Grad liegt.

⚙ Zudem gibt es noch die Längengrade, welche jeweils vom Nullmeridian aus 180 Grad nach Osten und Westen um den Erdball verlaufen; so kann jeder Punkt auf der Welt mit einer genauen Koordinate angegeben werden. Die jeweiligen Gradzahlen werden letztendlich noch in Stunden, Minuten und Sekunden umgerechnet. Dabei gilt: 1 Grad = 60 Minuten, 1 Minute = 60 Sekunden.

⚙ So gelangt man z. B. zu folgenden GPS-Daten: Breitengrad Richtung Nord N 51°30'12.507 und Längengrad Richtung Ost (East) E 7°27'3.959.

226 Benötigt man überhaupt Straßenkarten?

Es kann sicherlich nie schaden, zumindest einen ordentlichen Straßenatlas mit an Bord zu haben. Und: Es gibt immer noch viele Camper, die ihre Touren samt Straßenkarten ausarbeiten. Vor allem jüngere Camper nutzen dazu allerdings lieber Google Maps, Street View oder andere Online-Dienste. Sobald ein Roadtrip in sehr entfernte Regionen geplant ist, wird eine gute Straßenkarte allerdings nötig, da hier ein entsprechender GPS- bzw. Internetempfang nicht immer gewährleistet ist. Die bekannten Automobilclubs liefern zum Teil sehr gutes Kartenmaterial kostenlos.

227   Die Himmelsrichtungen erkennen

Okay – wir leben nicht mehr im Mittelalter und müssen uns nicht an den Sternen orientieren. Dennoch kann es nie schaden, auch ohne elektronische Unterstützung zumindest grob zu erkennen, in welche Richtung man gerade fährt, wandert oder rudert. Grundsätzlich kann man sich folgenden Spruch einprägen:

Im Osten geht die Sonne auf,

im Süden steigt sie hoch hinauf,

im Westen wird sie untergehen,

im Norden ist sie nie zu sehen.

Soll heißen: Egal, wo man sich gerade befindet, die Sonne geht immer im Osten auf und immer im Westen unter. Schaut man morgens früh direkt in die Sonne, schaut man nach Osten, rechts von einem selbst ist dann Süden, links Norden und im Rücken liegt Westen. Paddelt man also z. B. morgens früh auf den See und möchte den westlichen Ableger nutzen, wendet man sich mit dem Kanu genau der Sonne zu und weiß dann, dass der richtige Ableger hinter einem liegt.

228   Was tun, wenn man sich verfahren hat?

Ob mit Navi oder ohne, sicherlich hat sich jeder Camper, der bereits einige Kilometer durch die Welt gefahren ist, irgendwann einmal verfahren. Man könnte fast sagen: Das gehört zu einem guten Roadtrip mit dazu. Aber wie reagiert man am besten? Das Wichtigste ist wohl, ruhig zu bleiben und die nächstbeste Möglichkeit zu nutzen, um erst einmal anzuhalten. Dies ist mitten in einer Großstadt deutlich schwerer als irgendwo in der Natur. Sobald das Fahrzeug steht kann man in aller Ruhe auf dem Navigationssystem, Mobiltelefon oder in der Karten schauen, wo man sich befindet. Und: Keine Scheu, Einheimische kennen ihre Region nun mal viel, viel besser als wir Touristen – also fragen Sie nach. Oder haben Sie schon einmal schlecht über Ihr Gegenüber gedacht, als Sie selbst nach dem Weg gefragt wurden?

Wer in den Sonnen-
untergang fährt,
fährt nach Westen.

TIPPS ZUM FAHRZEUG-HANDLING

Das Fahren mit einem Camping-Fahrzeug ist definitiv keine Hexerei – schon gar nicht, wenn man zu zweit unterwegs ist. Dennoch gibt es ein paar nützliche Helfer, die das Fahrvergnügen auch alleine oder in anspruchsvolleren Situationen deutlich erhöhen.

229 Den Fahrer einweisen

Solange man mit mindestens zwei Erwachsenen verreist, ist das Fahrzeug-Handling kein großes Problem, schließlich kann eine Person zur Not kurz aussteigen, sich seitlich neben das Fahrzeug stellen und den Fahrer einweisen. Weil es auch dabei aber immer wieder zu Problemen kommt, ein kleiner Tipp: Man sollte immer bedenken, dass der Fahrer die einweisende Person sehen muss. Es hilft also nicht viel, sich hinter dem Fahrzeug aufzuhalten und laut zu rufen. Stellen Sie sich seitlich, sodass der Fahrer die einweisende Person im Außenspiegel sehen kann, und dann entspannt und ruhig Zeichen geben.

230 Rückfahrkamera

Schwieriger wird das Ganze, wenn man alleine verreist. Es ist tatsächlich eine große Hilfe, wenn man nachträglich eine Rückfahrkamera einbauen lässt, sollte das Fahrzeug diese noch nicht haben. Denn nicht nur während des Parkens in der Stadt sind ständig viele Personen unterwegs, sondern auch auf dem Campingplatz. Vor allem morgens bzw. vormittags, wenn alle Camper zusammenpacken, abreisen oder neu ankommen, geht es auf Stell- und Campingplätzen häufig turbulent zu und niemand, wirklich niemand, möchte das kleine Kind übersehen, welches gerade mit seinem Kinderrad über den Platz düst.

231 Den toten Winkel vermeiden

Es gibt in jedem Fahrzeughandel kleine Spiegel für wenige Euro, welche man auf die großen Außenspiegel des Camping-Fahrzeugs kleben kann. Sie sind eine wertvolle Hilfe, denn durch sie verkleinert sich der tote Winkel deutlich und man hat eine viel bessere Übersicht.

232 Zusätzliche Außenspiegel

Wohnwagen-Camper sollten unbedingt an die zusätzlichen Außenspiegel denken, welche man auf die Spiegel des eigenen Autos aufsetzt. Ohne diese Wohnwagenspiegel fehlt es ihnen einfach an ausreichender Übersicht.

233 Außenspiegel schützen

Die Außenspiegel an Camping-Fahrzeugen sind ganz häufig ein Problem, denn sie werden – warum auch immer – ständig übersehen. Das geschieht nicht nur bei Gegenverkehr auf schmalen Straßen, sondern auch, wenn das Fahrzeug beispielsweise an einer öffentlichen Straße parkt. Leider sind neue Außenspiegel oftmals ein teurer Spaß. Mittlerweile gibt es im Handel spezielle Hüllen, welche man über die Außenspiegel ziehen kann, um sie zu schützen. Einfacher und trotzdem hilfreich sind Reflektoren zum Aufkleben. Egal ob es sich um ein Reflektorband oder kleine runde Punkte handelt: Auf die Rückseite der Spiegel geklebt, sieht man diese deutlich besser.

234 Alleine entsorgen

Dem Thema Entsorgen widmen wir noch ein gesondertes Kapitel, hier nur so viel vorweg: Zu Beginn ist es gar nicht so einfach, den Ausguss der Entsorgungsstation punktgenau zu treffen, erst recht nicht, wenn man alleine unterwegs ist. Eine große Hilfe ist ein kleiner Klebepunkt auf dem Fahrzeug in Höhe des Grauwasserablaufs. So weiß man, auf welcher Höhe der Ablaufstutzen, der sich ja unter dem Fahrzeug befindet, liegt, sieht diesen im Außenspiegel und trifft die Entsorgung deutlich besser. Nach einigen Touren bekommt man allerdings auch ein Gefühl für die passende Höhe – dann funktioniert es in der Regel auch aus dem Bauch heraus.

Der kleine untere Spiegel verringert den toten Winkel.

WERTVOLLE HELFER UNTERWEGS

Ein Camping-Fahrzeug zu fahren ist tatsächlich nicht schwierig, zu Beginn allerdings ungewohnt. Zudem gibt es immer wieder neue Situationen, darum können ein paar kleine Helferchen nie schaden.

235 Nicht wegrollen

Gerade wenn der Boden sehr uneben ist, kann es nie schaden, zwei bis vier zusätzliche Bremsblöcke vor bzw. hinter die Reifen des Camping-Fahrzeuges zu legen. Wenn man keine professionellen Bremsblöcke oder Keile an Bord hat, helfen auch schon große Steine, Äste oder notfalls auch mit Sand oder Kies gefüllte Kanister und Schüsseln.

236 Vom Wert eines Wasserkanisters

Wasserkanister können sich gleich mehrfach als äußerst praktisch erweisen:
- ⚙ samt Klebeband oder Zugbändern zur Sicherung der Markise auf Asphalt
- ⚙ für das Frischwasser, wenn man z. B. im Winter den Tank nicht nutzen möchte
- ⚙ zum Auffüllen von Kleinmengen

Egal, welchen Nutzen diese Kanister später auch haben, es ist immer sinnvoll, wenn so ein Kanister neben dem großen Einfüllstutzen noch einen kleinen Ausguss hat. So lässt sich das Wasser im Inneren z. B. auch zum Händewaschen punktgenau nutzen.

237 Wasserwaage

Eine kleine, ganz einfache, günstige Wasserwaage auf dem Armaturenbrett ist sehr hilfreich, um das Camping-Fahrzeug während des Parkens gerade auszurichten.

238 Eine Halterung aus Gummi

Wenn die Mobiltelefon-Halterung während der Fahrt kaputt geht oder zu
Hause vergessen wurde, kann man sich mit einem einfachen Haushaltsgummi
weiterhelfen. Dazu einfach das Gummi durch das Lüftungsgitter des Armaturenbretts ziehen und das Mobiltelefon einklemmen. Dann allerdings bitte die
Heizung im entsprechenden Bereich ausstellen, sonst könnte das Mobiltelefon durch die Hitze Schaden nehmen.

239 Schrauben festziehen

Durch die Erschütterungen während der Fahrt lösen sich von Zeit zu Zeit
verschiedene Schrauben an den Wohnmobileinbauten. Sollten die Schraubenköpfe mal ausgeleiert sein und Sie keine neue, passende Schraube zur Hand
haben, können Sie einfach ein Haushaltsgummi über den Schraubenkopf
legen, damit der Schraubenzieher wieder deutlich mehr Grip hat.

240 Infozettel Straßenverkehr

Ein kleiner Zettel mit der Höhe, der Breite, der Länge und dem Gewicht
des Fahrzeugs, hinter die Sonnenblende geklemmt, hilft gerade Fahrern, die
zum ersten Mal mit dem Camper-Fahrzeug unterwegs sind, im Alltagstrubel
sehr. So kann man sich z. B. vor dem Unterqueren einer Brücke noch mal
schnell informieren, ob die Höhe auch wirklich passt, bevor es zu erheblichen
Schäden kommt.

241 Kindersitz-Tablett

Für längere Autofahrten mit Kindern, die noch im Kindersitz sitzen, ist ein
spezielles Kindersitz-Tablett sehr praktisch. Diese gibt es online bereits für
wenige Euro. Sie haben meist eine relativ steife Fläche zum Malen, Essen
usw., eine Halterung für Trinkflaschen und einige Seitenfächer für Stifte,
Spielzeuge und Ähnliches. So haben die jungen Camper alles griffbereit
während der Fahrt bei sich.

WENN DIE REISEKRANKHEIT DROHT

Ein Problem, welches ganz viele junge und alte Camper trifft, die in einem Camping-Fahrzeug mitfahren, ist Übelkeit. Viele Reise- mobile und Vans schwanken deutlich mehr als normale Pkws, was die Mitreisenden leider zu spüren bekommen.

242 Wenig essen

Vor der Reise ist es ratsam, nur wenig zu essen. Ein Müsli zum Frühstück bei- spielsweise ist empfehlenswert, richtig schwere, fettige Kost hingegen nicht. Ebenso sind stilles Wasser oder Tee deutlich besser als Mineralwasser oder Schorlen mit viel Kohlensäure.

243 Ingwerwasser

Ingwerwasser ist eine ganz natürliche Hilfe. Dazu einfach ein daumengroßes Stück Ingwer gut waschen, in schmale Scheiben schneiden, in eine Flasche geben und mit ungefähr einem Liter Wasser auffüllen. Wer mag, kann noch etwas Zitronensaft dazugeben. Dann die Flasche gut schütteln und das Wasser während der Fahrt trinken. Übrigens: Auch frisches Minzwasser soll, ähnlich wie Ingwerwasser, gegen Übelkeit helfen.

244 Gutes Fahrzeugklima

Gerüche im Fahrzeug können ganz schnell zu Übelkeit führen, darum sind starke Parfüms oder gar ein extra frischer Duftbaum für eine Urlaubstour eher kontraproduktiv. Dass im Fahrzeug nicht geraucht wird, sollte ohnehin klar sein.

245 Alte Luftfilter wechseln

Bei älteren Fahrzeugen sollte man überlegen, wann der letzte Luftfilter- wechsel stattgefunden hat, um diesen gegebenenfalls vor Fahrtantritt noch wechseln zu lassen.

246 Fenster öffnen

Ein geöffnetes Fenster und ein leichter Luftzug werden von vielen Reisenden als sehr angenehm empfunden – deutlich angenehmer jedenfalls als die Luft der Klimaanlage.

247 Nicht lesen oder auf Bildschirme sehen

Bücher, tragbare DVD-Geräte, Mobiltelefon-Spiele oder Tablet-PCs sind zwar bei Reisenden sehr beliebt, da man so aber nicht auf den Horizont schaut, wird vielen Menschen dabei besonders schnell übel. Besser sind Hörbücher, Hörspiele, Gespräche oder Spiele, bei denen man seine Umwelt im Auge behalten kann.

248 Pausen machen

Auch wenn sich die Fahrt dadurch etwas in die Länge zieht, sind regelmäßige Pausen das A und O für einen entspannten Roadtrip.

249 Reisekaugummis

Häufig sind sie das Einzige, was wirklich gegen die Übelkeit hilft: Reisekaugummis. Sie sind in jeder Apotheke für wenige Euro erhältlich. Am besten beginnt man gleich bei Fahrtantritt damit, einen zu kauen. Legen Sie am besten eine Packung in die Reiseapotheke.

250 Mülltüten und Hygienetücher

Dennoch sollte man letztendlich gerade bei Fahrten mit Kindern immer eine Rolle Mülltüten und einige Hygienetücher griffbereit haben ... für den Fall der Fälle.

DIE BESTEN TIPPS BEI STAU

Ein Roadtrip oder Camping-Urlaub führen ganz automatisch dazu, dass man viel Zeit auf den Straßen Europas verbringt – und wer viel fährt, verbringt mittlerweile auch viel Zeit im Stau. Deshalb sollte man bereits vorab immer etwas mehr Zeit für die Reise einplanen, vor allem, wenn man mit Kindern verreisen möchte. Und grundsätzlich gilt: Wenn man schon seine Zeit mitten auf der Straße verbringen muss, dann doch am liebsten im Camper samt Kühlschrank und Toilette.

251 Hörbücher

Hörbücher sind grundsätzlich großartig für lange Autofahrten. Niemandem wird übel und es gibt mittlerweile so viele tolle Hörbücher und Hörspiele – spannend oder lustig, kurz oder lang, zu den unterschiedlichsten Genres und in der Regel hervorragend gelesen –, die sich für Jung und Alt gleichermaßen eignen. Meine persönlichen Lieblings-Hörbücher – „Die Drei ???"-Reihe, „Harry Potter", gesprochen von Rufus Beck, und „Ich bin dann mal weg" von und mit Hape Kerkeling – kann ich wärmstens empfehlen.

252 Filme auf dem Tablet-PC

Es ist immer nett, sich vorab einige Filme auf den Tablet-PC oder Laptop herunterzuladen. Egal, ob für die Reise oder für einen Tag mit Regen, Kälte und Wind. Doch Vorsicht! Vielen Menschen wird übel, wenn sie während der Fahrt starr auf den Bildschirm schauen.

253 Personen erraten

Material: Klebezettel und Stift (zur Not funktioniert auch ein Lippenstift oder Eyeliner)
So geht's: Man benötigt so viele Zettel wie Mitspieler. Auf jeden Zettel schreibt man den Namen einer berühmten Persönlichkeit – einfacher wird es mit Personen aus einem bestimmten Themengebiet (z. B. die Schulklasse, das Sportteam, die Lieblingsserie). Jeder Mitspieler bekommt einen beschrifteten

Wer mit Kindern reist, sollte auf „Stau-Langeweile" vorbereitet sein.

Zettel auf die Stirn geklebt (oder man schreibt die Person mit Eyeliner direkt auf die Stirn) und muss mit Ja/Nein-Fragen erraten, wer er ist. Antwortet man mit ja, darf er weiterfragen, Antwortet man mit nein, ist der nächste Mitspieler an der Reihe. Gewonnen hat, wer sich selbst als Erster erraten hat.

254 Radiolieder erraten

Dafür benötigt man nichts weiter als ein Radio – das Spiel ist selbsterklärend. Für jüngere Mitspieler kann man aber auch die Kinderlieder-Playlist auf dem Mobiltelefon/Tablet-PC im Shuffle-Modus nutzen.

255 Wortschlangen

Auch dafür benötigt man kein Material. Jeder Mitspieler muss nur zu einem Themengebiet, das im Vorfeld vereinbart wird, mit dem letzten Buchstaben eines Wortes ein neues finden und dabei die ganze vorab genannte Reihe wiederholen. Ein Beispiel zum Thema Camping: Der erste Mitspieler sagt „Camping – Grauwasser", der nächste „Camping – Grauwasser – Reifendruck", der nächste „Camping – Grauwasser – Reifendruck – Keile" usw. Gewonnen hat, wer sich die längste Kette merken kann.

Eine Hörgeschichte oder ein kleiner Film zwischendurch erleichtern das Warten.

256 Ich packe meinen Koffer

Das Spiel ist ähnlich wie „Wortschlangen bilden". Jeder Mitspieler packt etwas in einen imaginären Koffer und wiederholt alle vorab genannten Bestandteile. Ein Beispiel: Der erste Mitspieler sagt: „Ich packe meinen Koffer und packe ein: eine Badehose." Der zweite Mitspieler setzt fort: „Ich packe meinen Koffer und packe ein: eine Badehose und eine Bürste." Der dritte Mitspieler ergänzt: „Ich packe meinen Koffer und packe ein: eine Badehose, eine Bürste und eine Luftmatratze." ... Auch dieses Spiel gewinnt, wer sich den längsten Satz merken kann. Besonders lustig wird es mit den entsprechenden Gesten und Geräuschen.

257 Camping-Dingsdas

Material: Stift und Zettel, Schale/Hut oder Ähnliches, Stoppuhr
So geht's: Auf die Zettel schreibt man z. B. Camping-Begriffe, faltet sie zusammen und legt sie in eine Schale. Dann zieht jeder Mitspieler einen Zettel und erklärt innerhalb von einer Minute (Zeit vorher vereinbaren) diesen Begriff, ohne das Wort zu nennen. Je nachdem, wie viele Teilnehmer an Bord sind, kann man das Ganze auch in Teams spielen. Dann erklärt Teammitglied eins Teammitglied zwei den Begriff. Wenn dies innerhalb von einer Minute geschafft ist, bekommt das Team einen Punkt. Der Spieler/das Team mit den meisten Punkten gewinnt.

Autokennzeichen regen zu kreativen Sprachspielen ein.

258 Urlaubsquiz

Am besten ist es, sich bereits im Vorfeld und von der Schwierigkeit passend zum Alter der Spielteilnehmer Fragen zum Urlaubsland, zur -region etc. zu überlegen. Für die Durchführung benötigt man dann nur noch eine Stoppuhr. Während der Fahrt werden die vorbereiteten Fragen gestellt, z. B. „An welchem Meer liegt …?, „Mit welcher Währung wird in … gezahlt?, „Welche Speise ist typisch für …?" Die Antwort muss innerhalb einer zuvor vereinbarten Zeit gegeben werden. Gewonnen hat, wer am meisten Fragen richtig beantworten kann.

259 Nummernschild-Sätze

Man schaut aus dem Fenster und beachtet die Nummernschilder der anderen. Dann versucht jeder Mitspieler, aus den Buchstaben des Nummernschildes einen sinnvollen Satz zu einem speziellen Thema zu bilden, zum Beispiel zum Thema Urlaub. Zum Nummernschild DM-IW-410 passt der Satz: „Das Meer ist warm." Schwieriger wird es bei der Variante mit Stift und Papier: Dabei soll jeder Mitspieler beispielsweise drei verschiedene Sätze mit verschiedenen Wörtern zum Nummernschild bilden und notieren. Wem dies am schnellsten gelingt, der hat gewonnen.

260 Reisebrettspiele

Dank des Tisches im Wohnmobil kann man während der Fahrt bzw. im Stau auch das ein oder andere Brettspiel spielen. Dies gilt natürlich nicht nur für die Fahrt, sondern auch für den Urlaub selbst.

261 Essen

Kleine, leckere Nahrungsmittel sind im Stau immer beliebt. Mal abgesehen von ausreichend vielen Getränken eignet sich alles, was man zwischendurch essen kann. Bei Campern, die einen guten Kühlschrank an Bord haben, ist natürlich auch ein Eis eine willkommene Abwechslung. Gut vorbereiten bzw. mitnehmen lassen sich beispielsweise Gemüsesticks mit Dip, Fruchtspieße, kleine Würstchen und Salamis, Wraps, Salate in Weckgläsern oder feste Kuchen/Muffins. Und auch eine Thermoskanne mit Kaffee bzw. Kakao oder Tee kann die Stimmung an Bord wieder deutlich heben.

262 Zeit praktisch nutzen

Während man im Stau oder gar in einer Vollsperrung steht, kann man die Zeit natürlich auch für Arbeiten nutzen, die ohnehin anstehen: die Betten beziehen, den Fahrerraum/das Armaturenbrett putzen, Schrankfächer ausräumen/neu ordnen ... Dies geht natürlich nur, wenn das Fahrzeug steht.

263 Abfahren und campen

Wer bereits vorher weiß, dass er in einigen Kilometern im Stau stehen wird, kann auch jederzeit vorzeitig von der Autobahn abfahren, irgendwo stehenbleiben und die Zeit nutzen, um z. B. mit dem Hund spazieren zu gehen, eine richtige Pause einzulegen oder sogar die Nacht dort zu verbringen. Bett und Toilette sind ja schließlich immer an Bord. Allerdings ist es aus Sicherheitsgründen nicht zu empfehlen, die Nacht auf Autobahn-Rastplätzen zu verbringen.

Eine kleine Brotzeit
bietet Abwechslung.

6. AUF DEM STELL-/CAMPINGPLATZ

STELL- UND CAMPINGPLÄTZE FINDEN

Stell- und Campingplätze sind für die meisten Camper das bevor-
zugte „Zuhause auf Zeit". Doch wie und wo findet man Stell- oder
Campingplätze, die einem gefallen?

264 Internetrecherche

Im Internet gibt es unzählige Portale, um Camping- oder Stellplätze in den
verschiedensten Urlaubsregionen zu finden. Hier erhält man auch eine
Übersicht mit zahlreichen Informationen zu den einzelnen Plätzen. Diese
Möglichkeit sollten Sie am besten bereits zu Hause nutzen, wenn Sie einen
Campingplatz im Voraus reservieren möchten.

265 Apps nutzen

Zudem gibt es viele verschiedene Apps zur Stell- und Campingplatzsuche.
Diese eigenen sich besonders gut für das kurzfristige Suchen on tour. Dank
der Möglichkeit einer Umkreissuche findet man damit schnell, einfach und
entspannt entsprechende Plätze in seinem Umfeld.

266 Soziale Medien

Auch die sozialen Medien eignen sich zur Suche nach einem Stell- oder
Campingplatz. Über Facebook findet man inzwischen Hunderte deutsch-
sprachige Campinggruppen zu unzähligen Themen. Vor allem wenn man
besondere Wünsche an die Ausstattung und das Programm eines Campingplatzes hat, kann man sich in diversen Gruppen sehr gut informieren.

Ob von zu Hause oder kurzfristig vor Ort: Das Internet ist eine wahre Fundgrube bei der Suche nach geeigneten Campingplätzen.

ENDLICH ANGEKOMMEN

Eine Ankunft auf einem Campingplatz verläuft in der Regel etwas anders als auf einem Stellplatz. Sofern es keine weitere Beschilderung gibt, gehen Sie am besten schrittweise wie im Folgenden beschrieben vor.

267 Stellplatz: Wahl einer Parzelle

Nach der Anfahrt zum Stellplatzgelände haben Sie in der Regel freie Parzellenwahl. Achten Sie dabei aber auf folgende Punkte:

- Reservierungen
- Nicht mit einem kurzen Van eine Parzelle für „Dickschiffe" – also für besonders lange und große Reisemobile – belegen.
- Bei sehr großen, verwinkelten Stellplätzen sollten Sie sich anderen Campern zuliebe zu Fuß nach der „besten" Parzelle umschauen und nicht x-mal wendend über den gesamten Stellplatz fahren.

Sobald man „seine" Parzelle gefunden hat, kann man als Erstes in aller Ruhe einfach auf die Keile fahren, das Fahrzeug ausrichten und, wenn man möchte, auch schon an den Landstrom anschließen.

268 Stellplatz: Bezahlen

Direkt danach sollte man sich um die Bezahlung des Stellplatzes kümmern – wie, das ist vom jeweiligen Ort abhängig. Im Grunde gibt es drei Bezahlmethoden:

- Auf größeren, privat geführten Stellplätzen gibt es meist eine Art „Rezeption", eine Anmeldung mit bestimmten Öffnungszeiten, während denen man die Stellplatzgebühren bezahlt.
- Auf kleineren oder städtischen Stellplätzen gibt es meist einen Automaten zum Begleichen der Gebühren. Da diese in vielen Fällen jedoch nur Münzgeld annehmen, ist es immer von Vorteil, vor der Reise Geld zu wechseln. Häufig werden diese Stellplätze ein- bis zweimal pro Tag von einem Angestellten kontrolliert. Darum legt man das Ticket gut lesbar hinter die Windschutzscheibe.

- Sollte es keine Anmeldung geben und weit und breit auch keinen Automaten, bezahlt man bei einem Stellplatz-Wart persönlich. Wann genau dieser allerdings zum Stellplatz kommt, ist von Platz zu Platz verschieden. Am besten fragen Sie einfach mal einen anderen Camper. Sollte aktuell keiner zu sehen sein, hilft ein Blick auf ein Ticket der Mitcamper. Ist dieses handschriftlich ausgefüllt, gibt es einen Stellplatz-Wart. Ist das Ticket gedruckt, muss es doch irgendwo einen Automaten geben.

269 Stellplatz: Informationen

Fast immer gibt es auf Stellplätzen eine Informationstafel – ein Blick darauf lohnt sich meist. Hier erfährt man z. B., wie man in die Innenstadt gelangt, ob es einen Brötchenservice oder Bäckerwagen gibt, wann dieser kommt und, und, und … Der Urlaub kann beginnen.

270 Campingplatz: Anmeldung

- Grundsätzlich bleibt man in der Einfahrt, also noch vor dem Campingplatzgelände, stehen und meldet sich an der Rezeption/Anmeldung an.
- Wenn der Platz noch nicht fast vollständig belegt ist oder man bereits vorab eine Parzelle reserviert hat, bekommt man in der Regel die Chance, sich zu Fuß auf dem Gelände umzusehen und eine Parzelle zu wählen, die einem besonders gefällt.
- Danach begibt man sich zurück zur Anmeldung und füllt einen Fragebogen aus (meist wird noch eine Kopie von Führerschein oder Personalausweis gemacht).
- Sobald der Papierkram erledigt ist, fährt man auf das Gelände und zur gewählten Parzelle – der Urlaub kann beginnen.

271 Campingplatz: Bezahlen

- Auf Campingplätzen wird so gut wie immer erst bei der Abreise bezahlt. Sollte ein Platz Vorkasse, also Geld beim Einchecken, verlangen, ist es immer ratsam, maximal 50 Prozent zu bezahlen. So hat man eine gewisse Sicherheit, sollte mit dem Campingplatz irgendetwas nicht stimmen.
- Reserviert man eine Parzelle bereits frühzeitig, z. B. für die Ferienzeit in beliebten Regionen, wird in der Regel immer eine Anzahlung verlangt.

DIE PARZELLE – DAS KLEINE URLAUBSGRUNDSTÜCK

Für viele Camping-Anfänger ist die Parzellenwahl gar nicht so leicht, und nicht selten kommt es zu heißen Diskussionen zwischen den Partnern und Familien. Verständlich, denn mit der Wahl der falschen Parzelle, kann ein Urlaub ganz anders verlaufen, als man es sich vielleicht gewünscht oder vorgestellt hat. Hier deshalb einige Tipps, worauf man achten kann und sollte.

272 Vorne oder hinten?

Natürlich sind Parzellen in erster Reihe, z. B. zum Wasser, am beliebtesten; sucht man allerdings Ruhe und Entspannung, kann es durchaus sinnvoll sein, die leeren Reihen weiter hinten zu nutzen.

273 Familientauglich

Familien nutzen gerne Parzellen im Bereich von Spielplätzen oder „Aktiv-wiesen", so können die Kids auch mal alleine losziehen und sind dennoch beaufsichtigt. Wer hingegen Ruhe sucht, trifft mit einer Parzelle direkt neben dem Spielplatz, Pool oder der Animation nicht die richtige Wahl.

274 Hundetauglich

Hundebesitzer sollten noch mal ein gesondertes Auge auf die Lage der Parzelle haben. Zum einen haben viele Campingplätze spezielle Bereiche und nur in diesen sind Hunde erlaubt. Zum anderen kann es beispielsweise nicht schaden, in der Nähe eines Ausganges eine Parzelle zu nutzen.

275 Keine Toilette an Bord?

Für Camper, die keine Toilette an Bord haben oder diese nicht nutzen möchten, ist wiederum die Entfernung zum nächsten Sanitärhaus ein wichtiges Auswahlkriterium für die Parzellenwahl.

276 Beschaffenheit der Parzelle

Für die Parzelle selbst sind folgende Aspekte zu beachten:

- ✪ Ist es besonders schlammig? Könnte sich das Fahrzeug gegebenenfalls festfahren?
- ✪ Ist die Parzelle besonders schräg, sodass es schwierig wird, eine gerade Parkposition zu finden?
- ✪ Bäume auf der Parzelle können klasse sein, da sie Schatten spenden oder der Hund schnell angeleint werden kann. Stehen sie allerdings ungünstig, könnte das Parken schwierig werden oder der SAT-Empfang gestört sein.
- ✪ Benötigt man Strom, sollte man vorab nach der nächsten Stromsäule schauen – auch, ob dort noch ein geeigneter Stecker frei ist.

277 Abstand halten

Vor allem in der Nebensaison sind Stell- und Campingplätze selten hoch frequentiert. Deshalb kommt es bei möglichen Mitcampern fast immer sehr positiv an, wenn man anstelle der direkten Nachbarparzelle eine etwas entfernter gelegene belegt. Schließlich muss ja nicht unbedingt jedes Schränkeklappern zu hören sein, wenn der restliche Stell- oder Campingplatz frei steht.

278 Infozettel Abfahrt

Wenn Sie – leider natürlich viel zu früh – wieder an die Abreise denken müssen, ist folgender Infozettel als kleine Erinnerung sehr empfehlenswert. Selbst erfahrene Camper nutzen einen solchen, weil es einfach immer wieder Dinge gibt, die man letztendlich doch vergisst:

- ✪ Stromstecker gezogen?
- ✪ Von den Keilen runtergefahren und Keile eingepackt?
- ✪ Alle Schranktüren verschlossen?
- ✪ Alle Fenster und Dachluken verriegelt?
- ✪ Schubladen geschlossen?
- ✪ Kühlschrank verriegelt und auf 12 Volt eingestellt?
- ✪ SAT-Anlage richtig eingefahren?
- ✪ Trittstufe der Aufbautür zurückgefahren?
- ✪ Wenn vorhanden: Fußmatte eingepackt? (Die vergisst man nämlich ständig.)

7. WILDCAMPEN

ERLAUBT ODER VERBOTEN?

Die im Folgenden angegebenen Informationen spiegeln die rechtliche Lage zum Thema innerhalb der Länder Europas (Stand: 2019). Es kann natürlich sein, dass Sie ein Land schon etliche Male bereist und noch nie ein Problem hatten, obwohl das wilde Campen eigentlich verboten ist. Diese Erfahrung kann aber jeder Camper nur selbst machen, wenn er ein Wagnis eingehen will – zu empfehlen ist es nicht.

279 Im Vorfeld informieren

Das Wichtigste vorweg: Bevor Sie wildcampen, müssen Sie unbedingt klären, ob es in dem Land oder der Urlaubsregion, in der Sie sich gerade befinden, überhaupt erlaubt ist; ansonsten kann es nämlich sehr, sehr teuer werden. Strafen von bis zu mehreren Tausend Euro sind keine Seltenheit. In vielen Ländern Europas ist das Freistehen mit dem Camping-Fahrzeug mittlerweile verboten; und selbst, wenn es offiziell erlaubt ist, sind oftmals Strandparkplätze oder Ähnliches für Camper gesperrt. Städte und Gemeinden möchten natürlich auch an den Campern verdienen, und das können sie deutlich besser, wenn Stell- und Campingplätze genutzt werden.

280 Deutschland

- ⚙ Das Halten und Parken von Wohnmobilen, Caravans und Gespannen ist im öffentlichen Straßenverkehr dort erlaubt, wo es nach der Straßenverkehrsordnung oder deren Zeichen nicht ausdrücklich verboten ist.
- ⚙ Während des Parkens darf die Campingausstattung innerhalb des Fahrzeugs genutzt werden, das klassische Camping-Verhalten, also die Nutzung von Gegenständen außerhalb des Camping-Fahrzeugs, ist hingegen verboten.
- ⚙ Selbst längere Ruhepausen unterbrechen die vorwiegende Nutzung eines Wohnmobils oder Gespanns zu Verkehrszwecken nicht. Demnach ist eine einmalige Übernachtung zur Wiederherstellung der Fahrbereitschaft erlaubt. Grob geht man dabei von einer maximalen Aufenthaltsdauer von zehn Stunden aus.

Die Rechtslage ist eindeutig ...

⚙ Auf privaten Grundstücken, z. B. vor einem Restaurant, an Tankstellen oder auf Supermarktparkplätzen, darf aber nur mit ausdrücklicher Erlaubnis des Besitzers übernachtet werden.

281 Albanien

Einmal öffentlich übernachten: nein
Einmal privat (nach Absprache) übernachten: nein
Mehrere Tage öffentlich campen: nein
Mehrere Tage privat campen: nein

282 Bosnien-Herzegowina

Einmal öffentlich übernachten: nein
Einmal privat (nach Absprache) übernachten: nein
Mehrere Tage öffentlich campen: nein
Mehrere Tage privat campen: nein

Auch wenn es traumhaft schön ist: Wildes Campen ist an den Küsten Frankreichs grundsätzlich verboten.

283 Belgien

Einmal öffentlich übernachten: ja, maximal 24 Stunden, wenn keine anderen Vorschriften vor Ort gelten
Einmal privat (nach Absprache) übernachten: ja
Mehrere Tage öffentlich campen: ja; nicht in Flandern, entlang der Küste oder an touristischen Orten; nur mit behördlicher Genehmigung
Mehrere Tage privat campen: ja; nicht in Flandern, entlang der Küste oder an touristischen Orten

284 Bulgarien

Einmal öffentlich übernachten: nein
Einmal privat (nach Absprache) übernachten: nein
Mehrere Tage öffentlich campen: nein
Mehrere Tage privat campen: nein

285 Dänemark

Einmal öffentlich übernachten: nein
Einmal privat (nach Absprache) übernachten: ja
Mehrere Tage öffentlich campen: nein
Mehrere Tage privat campen: ja

286 Estland

Einmal öffentlich übernachten: ja; nur außerhalb von geschlossenen
Ortschaften
Einmal privat (nach Absprache) übernachten: ja
Mehrere Tage öffentlich campen: ja; nur außerhalb von geschlossenen
Ortschaften
Mehrere Tage privat campen: ja

287 Finnland

Einmal öffentlich übernachten: nein
Einmal privat (nach Absprache) übernachten: ja
Mehrere Tage öffentlich campen: nein
Mehrere Tage privat campen: ja

288 Frankreich

Einmal öffentlich übernachten: ja; nicht entlang der Küste oder an touristi-
schen Orten
Einmal privat (nach Absprache) übernachten: ja
Mehrere Tage öffentlich campen: nein
Mehrere Tage privat campen: ja
Hinweise: Vorsicht, es gibt viele unterschiedliche (regionale/örtliche)
Bestimmungen.

289 Griechenland

Einmal öffentlich übernachten: nein
Einmal privat (nach Absprache) übernachten: nein
Mehrere Tage öffentlich campen: nein
Mehrere Tage privat campen: nein

290 Großbritannien

Einmal öffentlich übernachten: nein; nur mit behördlicher Genehmigung
Einmal privat (nach Absprache) übernachten: ja; nicht entlang von Straßen
Mehrere Tage öffentlich campen: nein
Mehrere Tage privat campen: ja; nicht entlang von Straßen
Hinweise: Vorsicht, es gibt viele regionale Behörden.

291 Irland

Einmal öffentlich übernachten: ja
Einmal privat (nach Absprache) übernachten: ja
Mehrere Tage öffentlich campen: ja
Mehrere Tage privat campen: ja
Hinweise: nur mit behördlicher Genehmigung; nicht entlang von Straßen
oder auf/unter Brücken

292 Italien

Einmal öffentlich übernachten: ja
Einmal privat (nach Absprache) übernachten: ja
Mehrere Tage öffentlich campen: ja
Mehrere Tage privat campen: ja
Hinweise: nur mit behördlicher Genehmigung; nie erlaubt in Nationalparks
oder staatlichen Wäldern; Vorsicht, es gibt sehr viele regional gültige
Vorschriften.

293 Kroatien

Einmal öffentlich übernachten: nein
Einmal privat (nach Absprache) übernachten: nein
Mehrere Tage öffentlich campen: nein
Mehrere Tage privat campen: nein

294 Lettland

Einmal öffentlich übernachten: ja; nur außerhalb geschlossener Ortschaften
Einmal privat (nach Absprache) übernachten: ja
Mehrere Tage öffentlich campen: ja; nur außerhalb geschlossener
Ortschaften
Mehrere Tage privat campen: ja

295 Litauen

Einmal öffentlich übernachten: ja; nur außerhalb geschlossener Ortschaften
Einmal privat (nach Absprache) übernachten: ja
Mehrere Tage öffentlich campen: ja; nur außerhalb geschlossener
Ortschaften
Mehrere Tage privat campen: ja

296 Luxemburg

Einmal öffentlich übernachten: nein
Einmal privat (nach Absprache) übernachten: ja; nicht rund um den
Esch-sur-Sûre-See
Mehrere Tage öffentlich campen: nein
Mehrere Tage privat campen: ja; nicht rund um den Esch-sur-Sûre-See
Hinweise: maximal zwei Fahrzeuge und/oder Zelte

297 Mazedonien

Einmal öffentlich übernachten: nein
Einmal privat (nach Absprache) übernachten: nein
Mehrere Tage öffentlich campen: nein
Mehrere Tage privat campen: nein

298 Montenegro

Einmal öffentlich übernachten: nein
Einmal privat (nach Absprache) übernachten: nein
Mehrere Tage öffentlich campen: nein
Mehrere Tage privat campen: nein

299 Niederlande

Einmal öffentlich übernachten: nein
Einmal privat (nach Absprache) übernachten: nein
Mehrere Tage öffentlich campen: nein
Mehrere Tage privat campen: nein
Hinweise: Vorsicht, viele Kontrollen!

300 Norwegen

Einmal öffentlich übernachten: ja
Einmal privat (nach Absprache) übernachten: ja
Mehrere Tage öffentlich campen: ja
Mehrere Tage privat campen: ja
Hinweise: grundsätzlich nur mit mindestens 150 Meter Abstand zu Häusern;
nicht an landwirtschaftlich genutzten Flächen

301 Österreich

Einmal öffentlich übernachten: ja; nur mit Genehmigung der örtlichen
Behörden
Einmal privat (nach Absprache) übernachten: ja

Mehrere Tage öffentlich campen: ja; nur mit Genehmigung der örtlichen Behörden
Mehrere Tage privat campen: ja
Hinweise: grundsätzlich nicht in Naturschutzgebieten; es gibt viele regionale Verbote, z. B. in ganz Wien und Tirol.

302 Polen

Einmal öffentlich übernachten: ja; nur mit behördlicher Genehmigung
Einmal privat (nach Absprache) übernachten: ja
Mehrere Tage öffentlich campen: ja; nur mit behördlicher Genehmigung
Mehrere Tage privat campen: ja
Hinweise: nie an Küsten oder in Naturschutzgebieten

303 Portugal

Einmal öffentlich übernachten: nein
Einmal privat (nach Absprache) übernachten: nein
Mehrere Tage öffentlich campen: nein
Mehrere Tage privat campen: nein

304 Rumänien

Einmal öffentlich übernachten: ja
Einmal privat (nach Absprache) übernachten: ja
Mehrere Tage öffentlich campen: ja
Mehrere Tage privat campen: ja

305 Russland

Einmal öffentlich übernachten: nein
Einmal privat (nach Absprache) übernachten: nein
Mehrere Tage öffentlich campen: nein
Mehrere Tage privat campen: nein

306 Schweden

Einmal öffentlich übernachten: ja
Einmal privat (nach Absprache) übernachten: ja
Mehrere Tage öffentlich campen: ja
Mehrere Tage privat campen: ja
Hinweise: nur weit entfernt von Häusern; nicht an landwirtschaftlich genutzten Flächen; Vorsicht, es gibt viele regionale und örtliche Bestimmungen – auf Schilder achten!

307 Schweiz

Einmal öffentlich übernachten: ja; nur mit behördlicher Genehmigung
Einmal privat (nach Absprache) übernachten: ja
Mehrere Tage öffentlich campen: ja; nur mit behördlicher Genehmigung
Mehrere Tage privat campen: ja
Hinweise: Vorsicht, viele regionale Verbote, z. B. im Tessin, in Graubünden, Genf usw.; nicht an Seeufern, in Wäldern und Nationalparks

308 Serbien

Einmal öffentlich übernachten: nein
Einmal privat (nach Absprache) übernachten: nein
Mehrere Tage öffentlich campen: nein
Mehrere Tage privat campen: nein

309 Slowenien

Einmal öffentlich übernachten: nein
Einmal privat (nach Absprache) übernachten: nein
Mehrere Tage öffentlich campen: nein
Mehrere Tage privat campen: nein

310 Spanien

Einmal öffentlich übernachten: ja; teilweise regionale Verbote
Einmal privat (nach Absprache) übernachten: ja; teilweise regionale Verbote

Mehrere Tage öffentlich campen: ja [1]
Mehrere Tage privat campen: ja [1]
Hinweise: grundsätzlich nur mit Genehmigung der örtlichen Behörden;
[1] nicht in Wohngebieten, am Strand oder näher als 1000 Meter an Campingplätzen; nicht mehr als drei Nächte; nicht mehr als drei Fahrzeuge und Zelte
oder zehn Personen

311 Tschechien

Einmal öffentlich übernachten: nein
Einmal privat (nach Absprache) übernachten: nein
Mehrere Tage öffentlich campen: nein
Mehrere Tage privat campen: nein

312 Türkei

Einmal öffentlich übernachten: ja
Einmal privat (nach Absprache) übernachten: ja
Mehrere Tage öffentlich campen: ja
Mehrere Tage privat campen: ja
Hinweise: nur mit behördlicher Genehmigung

313 Ungarn

Einmal öffentlich übernachten: nein
Einmal privat (nach Absprache) übernachten: nein
Mehrere Tage öffentlich campen: nein
Mehrere Tage privat campen: nein

314 Ukraine

Einmal öffentlich übernachten: nein
Einmal privat (nach Absprache) übernachten: nein
Mehrere Tage öffentlich campen: nein
Mehrere Tage privat campen: nein

TIPPS FÜR DIE PLATZWAHL

Durch den Camping-Boom der vergangenen Jahre ist es mittlerweile gar nicht mehr so leicht, einen gut geeigneten Übernachtungsplatz zu finden. Hier einige Tipps und Hinweise, die sich in der Praxis bewährt haben.

315 Wiederherstellung der Fahrbereitschaft

Zur „Wiederherstellung der Fahrbereitschaft", wie es so schön heißt, darf man auf jedem öffentlichen Parkraum mit dem Wohnmobil, Van oder Kastenwagen eine Nacht stehen bleiben, solange man keine anderen Fahrzeuge behindert, man keine Ausfahrten beeinträchtigt, man die Sicht anderer Verkehrsteilnehmer nicht behindert oder man das Wildcampen in dem jeweiligen Land, der Region nicht grundsätzlich verboten ist.

All dies gilt allerdings grundsätzlich ohne entsprechendes Campingverhalten. Man darf sich also im Fahrzeug aufhalten und z. B. schlafen, aber keine Stühle rausstellen, die Markise nicht ausfahren usw. Selbst die Nutzung von Auffahrtskeilen ist genau genommen nicht erlaubt, ebenso wenige das Abkoppeln des Wohnwagens.

Bei zwei möglichen Fahrzeugführern sollte man diese Regelung allerdings nicht „auf die Spitze treiben", denn findige Ordnungsbeamten könnten im schlimmsten Fall sagen, dass der bisherige Fahrzeugführer zwar eine Pause einlegen müsse, der zweite Erwachsene mit entsprechendem Führerschein das Fahrzeug aber bewegen könne. Dieser Fall kommt sehr, sehr selten vor, möglich ist er allerdings.

316 Vorher informieren

Mehrere Tage wildcampen wird an abgelegenen Orten häufig geduldet, allerdings sollte ganz klar sollte sein, dass nur Orte genutzt werden, in denen das Halten, Parken oder Campen nicht durch irgendeine weitere Beschilderung verboten ist. In vielen Ländern Europas oder in einzelnen Regionen ist das Wildcampen grundsätzlich verboten (s. Kapitel „Erlaubt oder verboten?"); dort kann es schnell sehr teuer werden. Abgesehen davon ist es nie schön, wenn man nachts von der örtlichen Polizei geweckt wird. Darum sollten Sie sich unbedingt vor der Tour informieren.

317 Abseits von Attraktionen

Am besten eignen sich Orte abseits von Innenstädten oder beliebten Attraktionen. Man kann z. B. wunderbar auf einem kleinen Waldparkplatz übernachten. Der beliebte Strandparkplatz direkt an der Promenade, der zudem auch noch gerne von Strandbesuchern samt Pkw genutzt wird, ist hingegen nicht der richtige Ort.

318 Abstand wahren

Wer wildcampen möchte, muss unbedingt einige Spielregeln beachten: Sieht man, dass z. B. auf einem kleinen Parkplatz am See bereits ein bis zwei freistehende Camper stehen, sollte man sich nicht auch noch dazustellen. Wildcampen bedeutet nun mal auch Ruhe, Einsamkeit und ein bisschen Abenteuer. Wer Kontakt zu anderen Campern sucht oder es z. B. aus Sicherheitsgründen mag, mit anderen Campern zusammenzustehen, sollte dafür Stell- und Campingplätze nutzen.

Abseits der Zivilisation kann man in der Regel gut übernachten.

Gruppen sorgen beim Wildcamping schnell für Aufsehen – das führt in der Regel zu Problemen.

319 Nicht negativ auffallen

Die goldene Regel beim Wildcampen ist: Wer nicht negativ auffällt (heißt: wer nicht dringend benötigten Parkraum belegt, mit vielen anderen Campern zusammensteht oder den Platz nicht sauber und ordentlich nutzt), bekommt nur sehr selten Probleme. Da sich die allgemeine Meinung zu freistehenden Campern in vielen Regionen Europas in den letzten Jahren allerdings deutlich verschlechtert hat, ist es heutzutage wichtiger denn je, nicht mehr negativ bei Anwohnern, Polizei und Ordnungsamt aufzufallen.

320 Immer abfahrbereit sein

Gerade wenn man wildcampen möchte, ist es aus rechtlichen Gründen, aber auch aus Gründen der Sicherheit immer vorteilhaft, wenn man schnell abfahrbereit ist. Dafür ist es wichtig, auch während des Campens eine gewisse Ordnung im Fahrzeug zu halten.

321 Wetterbericht beachten

Wer wildcampen möchte, sollte immer den regionalen Wetterbericht verfolgen. Solange die Sonne scheint, können Stellplätze unter einzelnen Bäumen klasse sein, da diese Schatten spenden. Ist allerdings ein Gewitter vorhergesagt, sollte man solche Orte besser meiden. Von der Blitzgefahr mal abgesehen sind auch herabfallende Äste, Kastanien, Pinienzapfen usw. nicht gut für das Fahrzeugdach. Ein weiteres Thema in diesem Zusammenhang ist die Bodenbeschaffenheit. Auch erfahrenen digitalen Nomaden oder Van-Life-Anhängern passiert es immer wieder, dass sie sich nach einem heftigen Regenguss auf matschigen Feldwegen festfahren.

322 Vorsicht auf Klippen!

Vorsicht ist auch auf Klippen oder Anhöhen geboten. So schön es sein mag, nahe an einer Klippe zu parken und den Blick über Strand und Meer zu genießen: Es passiert leider immer wieder, dass Camping-Fahrzeuge von Klippen stürzen, und zwar nicht, weil ein Teil der Klippe abbricht, sondern weil die Menschen vergessen haben, die Handbremse anzuziehen, sich mit dem Rückwärtsgang vertan haben usw. Wenn man also unbedingt die Nacht auf einer Klippe verbringen möchte, dann nur mit ausreichendem Abstand plus angezogener Handbremse und eingelegtem Rück- bzw. Vorwärtsgang, je nachdem, ob man mit der Front oder dem Heck zur Klippe steht.

323 Vorsicht an Küsten und Flussmündungen!

Einige Campingplätze im Bereich von Küsten oder Flussmündungen schließen zwischen Herbst und Frühjahr ihre Tore, und zwar nicht, weil es ihnen an Gästen mangelt, sondern wegen der Nähe zum Wasser. Dennoch gibt es immer wieder Camper, die sich entweder trotzdem Eintritt verschaffen oder z. B. die direkt angrenzende Wiese zum Campen in erster Reihe zum Gewässer nutzen. Leider führt dieses Verhalten immer wieder zu schweren, teilweise auch tödlichen Unfällen. Man kann jedem Camper nur dringend ans Herz legen, den plötzlichen Anstieg von Gewässern, sei es wegen der ganz normalen Ebbe und Flut, einer Springflut oder durch starken Regen, nicht zu unterschätzen. An der Atlantikküste kann der Tidenhub zu bestimmten Jahreszeiten 14 Meter und mehr betragen. Auch an der Wesermündung müssen Camper im Frühjahr regelmäßig gewarnt und umgesetzt werden oder Dauercamper ihre Mobile und Fahrzeuge mit Stelzen präparieren, weil die Flut so große Wassermassen flussaufwärts drückt, dass wassernahe Parzellen überflutet werden.

324 Grundwasseranstieg

Selbst wenn man als Camper noch ausreichend Platz zur Wasserkante lässt und das Flussufer ständig beobachtet, kann das Grundwasser durch starken Regen deutlich ansteigen. Man kann also auf einer großen Wiese in Flussnähe unter Wasser stehen, obwohl der Fluss selbst nicht über die Ufer tritt. Dann hat man kaum eine Chance, von der Wiese wegzukommen, ohne diese stark zu beschädigen oder sich komplett festzufahren.

325 Sperrungen ernst nehmen

Wie bereits erwähnt, sollten Sie sich als Wildcamper immer über den aktuellen Wetterbericht und die Gezeiten informieren – inzwischen gibt es dafür auch gut geeignete Apps –, und Sperrungen aufgrund des Wetters unbedingt ernst nehmen.

326 Sich an Mitcampern orientieren

Auch ein Blick auf das Parkverhalten anderer Camper ist immer wertvoll: Sollten diese z. B. direkt am Beginn der Wiese stehen – mit zwei Reifen auf dem Asphalt und zwei auf Gras –, dann sind sie nicht wasserscheu, sondern vermutlich sehr erfahren und stehen auf diese Art und Weise bewusst sicher und stressfrei.

327 Windgeschützt am Meer

In fast allen Ländern Europas ist das Wildcampen im Bereich der Küsten grundsätzlich verboten oder durch Hinweisschilder untersagt. Sollte man dennoch einen Platz finden, an dem das freie Stehen möglich ist, kann es sinnvoll sein darauf zu achten, woher der Wind weht. Ausgenommen bei extrem starken Winden (dann sollte man das Fahrzeug natürlich mit der schmalen Seite in den Wind stellen) kann man das Camping-Fahrzeug hervorragend als Windschutz nutzen und so selbst an frischen Tagen wunderbar vor dem Wohnmobil in der Sonne sitzen.

Im Sommer sind Campingplätze unter Bäumen das wahre Paradies.

328   In den Bergen

Leider gilt auch auf vielen Rast- und Wanderparkplätzen in den Bergen: Camping-Fahrzeuge verboten. Bei Genehmigung sollte man hier ganz besonders auf die Wetterlage achten. Herbsttouren durch die Berge können fantastisch sein, allerdings ist Schneefall im Oktober auch kein unübliches Naturschauspiel. Zudem sind viele Park- und Rastplätze in den Bergen als Durchfahrtsplätze angelegt. Achten Sie deshalb darauf, vor allem mit längeren Fahrzeugen oder Gespannen die Durchfahrt auch für wesentlich breitere Lkws freizuhalten.

Wer auf einem Stadtparkplatz übernachten will, sollte sich das Viertel genau ansehen – die Kriminalitätsrate ist in manchen Gegenden hoch.

329 In Städten

- ⚙ Entsprechende Plätze zum Wildcampen innerhalb von Städten sind zwar kaum mehr zu finden. Wenn überhaupt, bieten sich größere Parkplätze an. Dieser Parkraum muss allerdings an einem normalen Parkautomaten bezahlt werden. Und da man mit dem Camping-Fahrzeug zwei Parkplätze blockiert, sollte man auch zwei Parkzettel kaufen. Je nach Ordnungsbehörde (und wahrscheinlich auch abhängig von der Auslastung des Parkplatzes) könnte sonst ein Knöllchen drohen.

- ⚙ In unbekannten Großstädten ist das Wildcampen generell nicht ratsam, da man dort leicht in ein Viertel mit hoher Kriminalität gelangen kann.

- ⚙ Die meisten, bei Touristen beliebten Großstädte bieten Campern mittlerweile eigene „City-Stellplätze" an. Diese sind zwar meist nicht besonders schön und vergleichsweise teuer, allerdings steht das Fahrzeug hier sicher und die Lage ist optimal für eine Stadtbesichtigung.

- ⚙ Sollte man als Camper einfach nur tagsüber eine Stadt besuchen wollen und das Fahrzeug möglichst sicher parken, sollte man unbedingt auf bewachte Parkplätze zurückgreifen.

Wintercamping an der Zugspitze – bei solchen Schneeverhältnissen ist regelmäßiges Schnee-räumen Pflicht!

330 Bei Schnee und Kälte

Im Fall von heftigen Minustemperaturen sollte man einen möglichst wind-geschützten Ort aufsuchen und möglichen Schneefall im Auge behalten. Bei mehr als 20 Zentimetern Neuschnee ist es ratsam, zwischendurch – gegebenenfalls auch nachts – den Schnee zu räumen. Ist die geschlossene Schnee-decke erst hoch angewachsen, ist es fast unmöglich, den Parkplatz ohne fremde Hilfe zu verlassen. Zudem sollte das Dach des Fahrzeugs regel-mäßig und vor jeder Fahrt vom Schnee befreit werden.

331 Bei heißen Temperaturen

Wenn es sehr warm wird, ist ein schattiges Plätzchen natürlich von Vorteil. Da das Ausfahren von Markise oder Sonnensegel beim Wildcampen verboten ist, kann es sehr angenehm sein, wenn man das Camping-Fahrzeug so parkt, dass die Seite der Aufbautür und die Stufe die meiste Zeit des Tages im Fahrzeug-schatten liegen.

„ÜBERLEBENS"-TIPPS FÜR OUTDOOR-ABENTEURER

Auch wenn Sie an der nächsten Tankstelle den Einweggrill für fünf Euro erhalten – echte Camping-Abenteurer bauen sich ihren Grill mindestens einmal im Leben selbst … und vielleicht sogar öfter, wenn Sie mit Kindern unterwegs sind. Im Folgenden finden Sie die wichtigsten Tipps für „echte" Camper.

332 Lagerfeuer bei Nässe

Wenn man keinerlei Anzünder an Bord hat, sollte man zuerst unter Bäumen nach trockenen, abgestorbenen Ästchen suchen, die sich als Anzünder eignen. Danach kommt das eigentliche Feuerholz an die Reihe. Sollten die Holzscheite sehr feucht sein, bleibt wohl nichts anderes übrig, als die äußeren Seiten abzuhacken und nur den inneren Kern für das Feuer zu nutzen.

333 Birken- und Nadelholz

Viele outdoorbegeisterte Menschen schwören auf Birkenholz, da dieses aufgrund von bestimmten Ölen nahezu immer brennen soll. Ähnliches gilt für Nadelhölzer, die sich sehr gut als Anzünder eignen. Durch das Harz im Inneren der Nadelhölzer brennt das Holz ausgesprochen schnell und stark.

334 Holz zuschneiden

Bei sehr schwierigen Bedingungen kann es sinnvoll sein, Anzünder und Feuer-holz seitlich einzuschneiden, sodass viele kleine Holzspäne abstehen. Dadurch vergrößert sich die Oberfläche der Holzscheite und das Feuer kann besser zünden.

Birkenholz eignet sich besonders gut für ein Lagerfeuer, da es selbst bei feuchtem Wetter brennt.

335 „Dauerbrenner" Geburtstagskerzen

Wenn man den Trip in die Natur vorab etwas plant, sind auch dauerbrennende Geburtstagskerzen super geeignet, um ein Lagerfeuer zu entzünden. Da diese Kerzen weder bei Wind noch bei ein paar Tropfen Regen erlöschen, kann man mit ihnen wunderbar ein Lagerfeuer entfachen.

336 Gewitter im Anmarsch?

Oftmals hört man den typischen Donner eines Sommergewitters schon lange, bevor man tatsächlich vom Gewitter eingeholt wird. Doch wie war das noch mal genau mit Blitz und Donner und der Entfernung des Gewitters? Man zählt den Abstand zwischen einem Blitz und dem darauffolgenden Donner in Sekunden. Dann nimmt man den Betrag mal 333 und erhält so die Entfernung des Gewitters in Metern. Ein Beispiel: Wenn Sie 15 Sekunden nach einem Blitz den Donnerschlag hören, lautet die Rechnung 15 x 333 = 4995 Meter. Das Gewitter ist also noch knapp fünf Kilometer entfernt. Wenn Sie die Rechnung kurze Zeit später nochmals wiederholen, können Sie schnell erfahren, ob sich das Gewitter nähert oder entfernt. Dabei gilt laut deutschem Wetterdienst eine Entfernung von unter drei Kilometern bzw. zehn Sekunden zwischen Blitz und Donner als sehr nah – dabei besteht die direkte Gefahr, von einem Blitz getroffen zu werden.

Jedes Jahr wieder unterschätzen zu viele Menschen die Gefahren durch Gewitter.

337 Verhalten bei Gewitter im Freien

Leider nehmen immer noch viel zu viele Menschen die Gefahren bei einem Gewitter durch einen Blitzeinschlag oder herabfallende Äste nicht ernst genug. Folgende Sicherheitshinweise zum Thema Gewitter sollte aber jeder Camper kennen:

- Der Spruch „Eichen sollst Du weichen, Buchen sollst Du suchen" ist Quatsch! Sobald sich ein Gewitter nähert, sollten Sie Bäume, Berge, Hügel, Straßenlaternen, Strommasten und Ähnliches grundsätzlich meiden.
- Raus und weg von Gewässern! Auch der feuchte Uferbereich kann den Strom noch wunderbar leiten.
- Wird man wirklich auf einem freien Feld von einem Gewitter überrascht, sollte man sich mit geschlossenen Beinen, möglichst klein machen und in die Hocke setzen. Noch sicherer ist die Position in Mulden bzw. auf abschüssigem Gelände. So bietet man einem Blitz möglichst wenig Angriffsfläche. Legen Sie sich nicht komplett auf den Boden, sonst bieten Sie dem Blitz wieder eine größere Angriffsfläche.
- Verzichten Sie unbedingt auf Regenschirme in einer solchen Situation.

338 Verhalten bei Gewitter im Camping-Fahrzeug

- Sobald Sie merken, dass demnächst ein Gewitter aufzieht, sollten Sie unbedingt die Markise und SAT-Anlage einfahren und das Fahrzeug vom Landstrom trennen.

- Sollten Sie direkt unter einem Baum geparkt haben, ist es sinnvoll, das Fahrzeug nochmal zu versetzen – nicht nur wegen der Gefahr eines Blitzeinschlages, sondern auch, um das Gefährt vor herabfallenden Ästen zu schützen.
- Während eines Gewitters ist man im Camping-Fahrzeug sicher, da dieses wie ein faradayscher Käfig wirkt. Wenn Sie besonders sicher gehen möchten, sollten Sie sich während eines Gewitters am besten im Pkw (bei Gespannen) oder im Fahrerhaus (bei Reisemobilen) aufhalten und sich nicht an die Fahrzeugseiten lehnen.

339 DIY-Grill

Besonders einfach gelingt es, einen Grill selbst zu bauen (DIY = do it yourself), wenn man direkt am Strand/Seeufer ein offenes Feuer anzünden darf. Denn dann muss man nur ein Loch in den Sand graben, Holz und Kohle einfüllen und anstelle eines Grillrostes lange, feuchte Stöcke nutzen, auf welche man das Grillgut aufspießt. Wenn so ein Erdloch nicht möglich ist, kann man einen Minigrill auch aus einer 0,5-Liter-Getränkedose bauen. Dazu einfach die leere Dose einmal die komplette Seite lang einschneiden, dann jeweils ca. zwei bis drei Zentimeter links und rechts von diesem ersten Schnitt aus an der Rundung entlangschneiden, sodass sich sozusagen auf der einen Dosen Hälfte zwei Flügel bilden. Diese Flügel nach außen biegen (Vorsicht, dass Sie sich nicht schneiden, die Kanten sind scharf.). Sie dienen dazu, dass der Minigrill stabil steht. Jetzt müssen Sie nur noch die Dose mit kleinen Holzspänen oder Kohle füllen, anzünden und ... grillen. Als Grillrost dienen entweder die Seiten der Dose oder Sie können auch zwei Zeltheringe als Grillrost nutzen.

340 DIY-Grillanzünder

Alte Nachos eignen sich wunderbar als Grillanzünder (normale Chips, Popcorn oder Ähnliches hingegen weniger). Da Nachos aus Mais bestehen, brennen sie wunderbar langsam und entzünden so die Kohlen oder Briketts. Eine andere Möglichkeit sind alte Klopapierrollen und ... ja, tatsächlich, der Staub aus dem Wäschetrockner. Wenn man die Flusen in die alte Klopapierrolle stopft und die Enden der Rolle zusammendrückt, bekommt man schnelle und super biologische Grillanzünder.

Wenn kein geeigneter Ast vorhanden ist, können Sie die Mülltüte auch mit einem Gürtel und Haken am Baum befestigen.

341 DIY-Utensilo

Keine Lust, ständig zwischen Grill und Camper hin und her zu laufen? Ein Baum kann schnell und einfach als Utensilo dienen. Am besten schnallen Sie dazu einen Gürtel um den Baum und befestigen einige Drahtstücke am Gürtel. So kann man Grillzange, Pfannenwender, Mülltüten usw. schnell und einfach aufhängen – und die vollen Mülltüten werden auch nicht mehr vom Hund näher in Augenschein genommen.

342 DIY-Camping-Laterne

Jeder will abends vor dem Camping-Fahrzeug sitzen und die Sommernacht genießen. Das ist einfach herrlich ... außer Sie haben die Laterne vergessen. In dem Fall können Sie sich mit einem alten Wasserkanister und einer anderen Lampe (Taschenlampe, Stirnleuchte etc.) auch selbst eine Camping-Laterne basteln. Füllen Sie dazu den klaren oder milchigen Kanister mit Wasser und befestigen daran die Taschenlampe mit dem Lichtschein zum Kanister hin mit einigen Klebebändern. Noch einfacher geht es mit einer Stirnlampe, diese muss man nur über den Kanister ziehen und einschalten. Das Licht erleuchtet den gesamten Kanister, und dank des Wassers steht er auch bei Wind noch fest. Das klappt übrigens auch mit ganz normalen PET-Flaschen; ein Kanister strahlt aber deutlich heller.

Selfie-Stick vergessen? Kein Problem ... Ersatz ist schnell gebastelt.

343 DIY-Selfie-Stick

Sie haben den perfekten Ort für ein Familien-Selfie gefunden, allerdings ist der Arm einfach nicht lang genug und der Selfie-Stick liegt natürlich zu Hause? Dann kann man sich schnell und einfach mit einem Ast und mit etwas zum Festhalten wie einem Haushaltsgummi, etwas Klebefilm oder Ähnlichem behelfen. Das Mobiltelefon dazu einfach in den Zehn-Sekunden-Fototimer-Modus einstellen, mithilfe des Gummibandes oder Klebefilms quer oder längs mit dem Ast verbinden ... und schon kann es losgehen.

344 Wenn Reißverschlüsse haken

Reißverschlüsse schließen mit den Jahren häufig nicht mehr leichtgängig. Besser wird es, wenn man die Reißverschluss-Häkchen mit Kerzenwachs einreibt. Dazu einfach mit einer Kerze, zur Not auch mit einem Teelicht, mehrmals über den Reißverschluss streichen. Wenn möglich, kann man mit einem Hammer auch noch ein paar Mal vorsichtig über den geschlossenen Reißverschluss klopfen. Danach lässt sich der Verschluss wieder leichtgängig öffnen und schließen. Aber Vorsicht: Dieser Trick funktioniert zwar auch bei Reißverschlüssen an Kleidung, allerdings könnte das Kerzenwachs Flecken verursachen und das gute Stück so ruinieren.

345 Die schnelle Wärmflasche

Bauchweh oder eiskalte Füße und keine Wärmflasche an Bord? Dann kann man sich wunderbar mit einer PET-Flasche weiterhelfen. Dazu einfach warmes Wasser in die Flasche füllen und diese wie eine Wärmflasche nutzen. Aber Vorsicht: Sie müssen die PET-Flasche fest verschließen! Und: Einfache PET-Flaschen vertragen nur warmes, aber kein heißes oder gar kochendes Wasser – für Letzteres benötigen Sie unbedingt die dickeren Mehrwegflaschen.

346 Die schnelle Kühlflasche

Natürlich kann man den gerade vorgestellten Tipp auch andersherum verwenden und die PET-Flasche zur „Kühlflasche" in heißen Sommernächten machen. Dazu nur eiskaltes Wasser einfüllen und die Flasche am besten vorab noch einige Stunden in den Kühlschrank oder das Gefrierfach stellen.

347 Ösen retten

Wenn die Ösen zum Befestigen der Heringe von Vorzelt, Vorzeltteppich oder Zelt ausgerissen sind, kann man dieses Problem einfach lösen, indem man einen größeren Stein an einer Schnur befestigt. Dieser wird von hinten bzw. unten unter die ausgerissene Öse gelegt, die Schnur durch das Loch gefädelt und mit einem Hering im Boden befestigt.

348 Hilfe bei wehender Markise

Solange man auf einem weichen Untergrund steht, kann man die Markise halbwegs sicher mit großen Heringen oder Nägeln am Boden befestigen. Steht man allerdings auf Asphalt und leichte Windböen kommen auf (bei stärkeren sollte die Markise immer eingefahren werden), gibt es schnell Probleme. Eine ganz einfache Sicherung kann man sich mithilfe von PET-Flaschen bauen. Dazu vier bis acht große 1,5-Liter-Flaschen mit Wasser oder Sand füllen und die PET-Flaschen mit Klebeband an den Markisenbeinen befestigen.

In gekühlter Form die perfekte Kühlflasche – und mit warmem Wasser auch zum Aufwärmen geeignet.

Auf hartem Untergrund ist es manchmal schwieriger als hier, Markisen zu sichern.

DIE VER- UND ENTSORGUNG

Vor allem für Camper, die sehr lange verreisen und dabei häufig wildcampen möchten, ist das Thema der Ver- und Entsorgung ein kleines Problem. Denn sobald die Wassertanks leer sind oder die Toilette voll, kann das gewählte Ziel noch so schön sein: Man muss abreisen und einen Camping oder Stellplatz anfahren, um entsorgen zu können. Camping zwischen Frischwasser, Grauwasser und Toilette ...

349 Absolut verboten!

Ob Grau- oder Abwasser – beide Begriffe stehen für dasselbe: das schmutzige Wasser vom Spülen, Duschen, Waschen usw., welches im Abwassertank gesammelt wird. Es darf unter anderem aufgrund der Reinigungsmittel, die darin enthalten sind, nur an entsprechenden Stationen entsorgt werden. Nicht erlaubt sind der nächste öffentliche Gulli, am Straßenrand oder nachts mitten auf der Parzelle, weil es „gerade regnet und die Nachbarn schlafen". Im schlimmsten (oder besten?) Fall führt dieses Verhalten zu hohen Strafen. Ähnliches gilt für den Toilettentank. Eine heimliche Entsorgung in die Dünen, die nächste Hecke oder Ähnliches ist nicht nur eine Riesensauerei, sie schadet auch nachhaltig dem Ruf aller Camper!

350 Trocken-Trenntoiletten

Wer immer wieder lange Touren plant und dabei vor allem wildcampen möchte oder mit der Größe der Chemie-Toilettenkassette nicht zurechtkommt, sollte über Alternativen nachdenken. Eine Möglichkeit sind sogenannte Trocken-Trenntoiletten. Es gibt sie sowohl als industriell hergestellten Nachrüstsatz als auch als DIY-Projekt. Der grundsätzliche Gedanke dahinter ist, dass Fäkalien nur dann unangenehm riechen, wenn Urin und Kot aufeinandertreffen. Trocken-Trenntoiletten trennen beides: Der Urin läuft in einen Urintank, der Kot fällt in einen extra Tank, der mit speziellen Pflanzenfasern ausgelegt ist. Dort soll es zu einer Art Kompostierung kommen, wodurch dieser Tank, je nach Toilettenbenutzung, nur alle paar Wochen oder sogar Monate geleert werden muss. Da bei einer Trocken-Trenntoilette keinerlei Chemie genutzt wird, ist diese Form bei sehr umweltbewussten Campern beliebt.

Mittlerweile hat man als Camper die Wahl, welche Art der Wohnmobil Toilette am besten zu Reisestil und Budget passt.

351 Verbrenner-Toilette

Eine andere Alternative ist die Verbrenner-Toilette. Hierbei wird das gesamte „Geschäft" mit Temperaturen von bis zu 600 Grad verbrannt. Übrig bleibt nur noch ein wenig Asche.

Verbrenner-Toiletten sind allerdings vergleichsweise teuer, sodass man sie aktuell fast ausschließlich in Luxuslinern findet.

352 Chemie-Toilette

Für die Chemie-Toilette gibt es chemische, aber auch natürliche Zusätze im (Online-)Handel. In manchen Bereichen, z. B. teilweise an der deutschen Nordseeküste, wenn die Stell-/oder Campingplätze über Klärgruben verfügen, darf nur mit biologischen Zusätzen entsorgt werden.

353 Alternativer Zusatz

Wer den Toilettenzusatz hauptsächlich wegen des Geruchs nutzt, findet mit ganz normalem, einfachem Weichspüler eine deutlich günstigere Alternative in jedem Supermarkt.

Ein absolutes No-Go: den Frischwasserschlauch bitte nie zum Reinigen der Toilette benutzen.

354 Auf den richtigen Schlauch achten

Hierbei gibt es einen Fehler, den Camping Anfänger immer wieder gerne begehen, der allerdings alles andere als schön ist. An einigen Entsorgungsstationen findet man zwei Schläuche bzw. Schlauchanschlüsse: einen an der Toilettenentsorgung, den man nutzen kann, um den Toiletten-Kanister zu spülen, und einen Wasserschlauch, um das Frischwasser in den Tank zu füllen. Man sollte wirklich niemals (!) den Frischwasserschlauch zum Spülen der Kassette nutzen, denn sonst füllt der nächste Camper seinen Frischwassertank mit dem durch Fäkalien verkeimten Wasserschlauch des Vorgängers.

355 Eigenen Schlauch mitnehmen

Am besten ist es, vorsichtshalber nur seinen eigenen Frischwasserschlauch zum Befüllen des Tankes zu nutzen.

356 Frischwasser-Quellen

Natürlich gibt es Brunnen, Seen oder das Wasserbecken auf dem Friedhof; allerdings ist dabei eine Trinkwasserqualität nicht immer gewährleistet. Normales Leitungswasser erfüllt diesen Anspruch leider ebenfalls nicht in jedem Land, ist aber dennoch besser ist als die erstgenannten Beispiele. Ratsamer ist es, sich das Trinkwasser auf Stell- und Campingplätzen, manchmal auch an Tankstellen, größeren Rasthöfen, Kleingartensiedlungen oder großen Gartencentern zu besorgen. Hier sollte man aber grundsätzlich vorab nach Erlaubnis fragen. Im Ausland findet man zudem an einigen Nationalparks spezielle Camping-Areale, an denen man Frischwasser bekommt.

357 Wohin mit dem Müll?

Die Entsorgung des normalen Hausmülls ist beim Campen immer wieder ein Problem, zumindest solange man wildcampen möchten. Denn selbst wenn man irgendwo an einem öffentlichen Ort steht und es dort einen öffentlichen Mülleimer gibt (z. B. an einem Strandbad am See), so sind diese natürlich nicht für ganze Mülltüten voller Hausmüll gedacht. Folgende Möglichkeiten stehen zur Verfügung:

- ⚙ Auf Stell- und Campingplätzen gibt es meist große Müllentsorgungs- und Recycling-Bereiche, hier wird man seinen Müll immer los.
- ⚙ Darüber hinaus stehen jedem Camper natürlich Recyclinghöfe zur Verfügung.
- ⚙ Handelt es sich nur um wenig Müll, so kann man auch mal große öffentliche Mülltonnen auf Rasthöfen nutzen. Vor allem große Rasthöfe samt Tankstellen usw. verfügen häufig über sehr große Mülltanks, die teilweise in den Boden eingelassen wurden. Hier kann man eine einzelne Camping-Hausmülltüte ausnahmsweise auch mal entsorgen – es sollte allerdings nicht zur Gewohnheit werden.

358 Absolute No-Gos!

Den Müll einfach liegen zu lassen, aus dem Camping-Fahrzeug zu werfen oder Ähnliches sind natürlich absolute No-Gos! Leider gibt es aber immer noch viel zu viele Camper, die sich derart schlecht benehmen. Kein Wunder also, dass immer mehr wilde Übernachtungsplätze für Camper geschlossen werden.

8. FAMILIEN-CAMPING

DAMIT ALLE ENTSPANNT SCHLAFEN

Als Familie in den Camping-Urlaub zu fahren, gehört zu den absoluten Klassikern – trotzdem (oder gerade deshalb) gibt es immer wieder offene Fragen. Eine davon: Wie gelingt es, möglichst viele Schlafplätze auf kleinstem Raum herzustellen? Alles zum Thema Campen zu dritt, zu viert, zu fünft, zu sechst …

359 Festbett für Babys und Kleinkinder

Auch wenn der Gedanke an einen Roadtrip in einem kleinen, alten Bus extrem charmant klingt – die Realität sieht anders aus. Deshalb sollten vor allem Familien mit sehr kleinen Kindern oder Babys darauf achten, dass sie ein Wohnmobil mieten, welches ein richtiges Festbett hat, eine vernünftige Isolierung, vielleicht sogar eine Zwischentür und nicht nur eine Sitzbank, die man ausschließlich nachts zum Bett umklappen kann. Wenn das Baby keine Ruhe finden kann, weil es im Van viel zu heiß ist oder der ruhige Rückzugsort fehlt, bleibt Eltern oft nichts anderes übrig, als (völlig übermüdet) mit dem Kinderwagen über den Campingplatz zu schleichen. Sollte der Kinderwagen auf Dauer der einzige Ort sein, an dem das Baby tagsüber ruhig liegen kann, wird der Roadtrip schnell anstrengend.

360 Schlafen im Fahrerraum

Mittlerweile hat sich auch die Industrie dieses Problems angenommen und spezielle Matratzen entwickelt, die man quer über Fahrer- und Beifahrersitz legen kann, wodurch ein zusätzlicher Schlafplatz entsteht.

361 DIY-Schlafplatz

Je nach Van-Modell gibt es auch eine relativ einfache DIY-Möglichkeit. Im Haustierbedarf sind spezielle, aufblasbare Luftkissen erhältlich, welche eigentlich zwischen Pkw-Rückbank und Vordersitze gelegt werden, damit der Hund nicht in den Spalt rutschen kann. Wenn man diese Luftkissen für den Van nutzt und dann eine (Luft-)Matratze (je nach Platz) über die Sitze legt, entsteht ebenfalls eine ordentliche Liegefläche.

Wenn das Baby im Campingfahrzeug keine Ruhe findet, hilft oft nur noch der Kinderwagen ...

362 Mehr Platz im Bettbereich

Viele Reisemobile und Kastenwagen haben entweder zwischen zwei Matratzen im Festbett einen breiten Spalt oder aber es befindet sich ein Spalt an den jeweiligen Rändern zur Seitenwand hin. Diese Bereiche lassen sich sehr gut mit Schaumstoff ausfüllen. 20 Zentimeter links, 20 Zentimeter rechts und ein großes Spannbettlaken ergeben insgesamt so viel Platz, dass zwei Erwachsene und ein Kind gut auf ca. 2,20 Meter Breite schlafen können.

Bodyboards sind nicht nur ein klasse Spielzeug, sie eignen sich im Camperfahrzeug auch hervorragend als Wickelunterlage.

Bei diesem Komfort ist Nachtruhe garantiert.

363 Schlafen in der Garage

Selbst die Garage von Reisemobilen lässt sich zum Schlafplatz umbauen. Dies natürlich besonders gut, wenn es im Innenraum einen Durchgang zur Garage gibt und diese beheizt ist. Viele Garagen sind mittlerweile so breit, dass eine handelsübliche Matratze gut hineinpasst. Wenn man zudem eine Lichterkette oder ein LED-Band hineinhängt oder z. B. Sterne, die nachts leuchten, an das Garagendach klebt, hat man schnell einen gemütlichen Schlafbereich mit immerhin gut zwei Meter Länge.

364 Wickeltisch

Als Wickelunterlage eignen sich natürlich am besten die Betten; hier sollte man nur daran denken, vorab alle nötigen Utensilien plus Wickelunterlage parat zu haben. Möchte man dennoch eine spezielle Wickelunterlage nutzen, ganz gleich, ob sie für das Bett, den Tisch oder als breite Unterlage für den Herd/Küchenbereich sein soll, haben sich aufblasbare Kinder-Bodyboards als besonders praktisch erwiesen. Sie sehen aus wie kleine Luftmatratzen, sind aber nur einen Meter lang. So hat man eine praktische, klein zusammenlegbare und auch noch wasserabweisende Unterlage, die Ecken und Kanten ausgleicht und auf der das Kind auch noch wunderbar liegen kann.

365 Baby-Reisebett

Wer möchte, dass das Baby nachts in seinem eigenen Reisebettchen schlafen soll, hat in der Regel das Problem, dass der Platz im Gang eines Camping-Fahrzeugs für das Bettchen zu schmal ist. Einen Möglichkeit ist, den Tisch im Sitzbereich nach unten zu klappen und das Bettchen draufzustellen. Die meisten Tische in einem Camping-Fahrzeug lassen sich bis auf wenige Zentimeter über den Boden herunterfahren, damit man diesen Bereich als zusätzlichen Schlafplatz nutzen kann. Wenn man das Reisebettchen auf den Tisch stellt, steht es sicher zwischen den Sitzbänken und ist nicht im Weg, wenn man nachts auf die Toilette gehen möchte.

SPIEL UND FREIZEIT

Gerade beim Campen sind Spiele und Spielsachen toll, die man vorab selbst gebastelt hat bzw. die wenige Utensilien benötigen. Hier finden Sie ein paar Tipps, die Sie schnell umsetzen können.

366 „Schweinchen in der Mitte"

Für diese Spielvariante benötigt man mindestens drei Personen – je mehr, desto besser – und eine Frisbee-Scheibe. Dabei stellt man sich im Kreis auf. Eine Person, das „Schweinchen", steht in der Mitte. Jetzt versucht man, die Frisbee-Scheibe wild hin- und herzuwerfen; die Person in der Mitte muss versuchen, die Scheibe zu fangen. Wer sie an das „Schweinchen" verloren hat, muss als Nächster in die Mitte.

367 Frisbee-„Fußball"

Man benötigt mindestens zwei Personen, vier oder sechs Spieler machen das Spiel aber noch lustiger. Vorab müssen zwei sich gegenüberliegende Tore gebaut werden und das Spielfeld benötigt eine Mittellinie. Beim Spiel versucht Spieler/Team 1, die Frisbee-Scheibe in das Tor des gegnerischen Spielers/ Teams zu werfen, ähnlich wie beim Fußball. Dabei darf das Team die Mittellinie allerdings nicht übertreten. Gewonnen hat das Team, welches als Erstes zehn Tore erreicht hat. Zu Anfang sollte das Spielfeld nicht zu groß sein, damit ein schnelles, flinkes Spiel entsteht. Besonders viel Spaß macht das Ganze am Strand; hier kann man den Sand auch gleich zum Spielfeld-Einzeichnen nutzen.

368 Frisbee-„Basketball"

Frisbee-„Basketball" funktioniert ähnlich wie Frisbee-„Fußball", allerdings benötigt man einen Papierkorb oder eine große Spülschüssel. Diese stellt man in die Mitte des Spielfelds. Jedes Team versucht nun, das Frisbee in den „Korb" zu werfen. Schwieriger wird es, wenn man eine Linie um den Korb zieht, die nicht übertreten werden darf. So muss man die Scheibe wirklich in

Das ideale Gerät für vielfältige Spielideen: die Frisbee-Scheibe.

den Korb werfen, nicht nur hineinlegen. Am besten hierfür geeignet sind ein Strand oder eine große Wiese, da es im Zweikampf der Mitspieler schon mal hoch hergehen kann.

369 DIY-„Tic, Tac, Toe"/DIY-„Vier gewinnt"

Ein passendes Spielfeld lässt sich eigentlich überall auf den Boden malen, egal ob im Sand, auf Schotter oder mit kleinen Ästen auf Rasen und Asphalt. Für „Tic, Tac, Toe" oder „Vier gewinnt" fehlen nur noch passende Spielsteine – und diese kann man ebenfalls leicht selber suchen und/oder basteln. Dazu eignen sich z. B. zwei verschiedene Sorten Muscheln, Blumen oder man sammelt einige Steine und bemalt diese in zwei verschiedenen Farben oder mit Mustern. Dafür benötigt man keinerlei Vorbereitungen und es funktioniert quasi überall: direkt am Strand, auf der Liegewiese am See ...

Schatzsuche modern: mit dem Smartphone und GPS-Daten.

370 Die eigene Slackline

Aus einem nicht genutzten Sturmband für die Markise oder das Vorzelt kann man eine tolle Slackline für Kinder bauen. Dazu muss man das Sturmband nur ordentlich mit den dazugehörigen Erdspießen im Boden fixieren. Natürlich kann man das Sturmband auch fest an einem Baum verknoten, dabei sollte man aber unbedingt darauf achten, die Baumrinde nicht zu beschädigen. Am besten wickelt man vorab ein altes Handtuch oder irgendeinen anderen Baumschutz um den Stamm. Sobald das Band sicher fixiert ist, spannt man es, in dem man zwei Fahrzeugkeile, Hocker, die Sitzfläche von Campingstühlen oder Ähnliches unterstellt ... schon kann es losgehen. Doch Vorsicht – zu Beginn reicht ein Abstand zum Boden von wenigen Zentimetern absolut aus.

371 DIY-Brettspiele

Ob Mensch ärgere Dich nicht, Schach oder Backgammon – es ist kein Problem, sich die Spiele einfach selbst zu basteln. Zu Beginn malt man das entsprechende Spielfeld mit Kreide auf den Boden oder einfach auf ein passendes weißes Blatt Papier. Sollte ein Blatt zu klein sein, kann man auch gut vier Blätter mit Klebeband auf der Rückseite zusammenkleben. Sobald das Spielfeld bereit ist, benötigt man nur noch entsprechende Spielsteine. Dazu kann man z. B. Kronkorken nutzen – ob angemalt oder original, je nach Marke. Schon kann der Spielenachmittag losgehen, selbst wenn man die „echte" Spielesammlung zu Hause gelassen wurde.

372 Geocaching

Beim Geocaching geht es grundsätzlich darum, dass überall auf der Welt kleine oder größere „Schätze" von anderen Geocachern versteckt wurden, die es zu suchen gilt. Einige Schätze sind so groß wie Schatztruhen, andere kaum größer als ein kleiner Finger. In jedem Schatz liegt mindestens ein Logbuch, in welches man sich eintragen darf, wenn man den Schatz gefunden hat. Manchmal liegen auch kleine Geschenke dabei; dann heißt es: Man darf sich ein Geschenk rausnehmen, wenn man ein anderes dafür hineinlegt. Bitte keine Lebensmittel hinterlegen! Beliebt sind Jo-Jos, Lineale, besondere Stifte und Ähnliches. Für den Anfang reicht es, eine entsprechende Geocaching-App auf das Mobiltelefon zu laden, und schon kann die GPS-Suche nach den Schätzen losgehen.

373 DIY-Fackeln

Das Wetter ist perfekt, der Camping-Grillabend steht an ... jetzt fehlen nur noch ein paar Fackeln? Dazu brauchen Sie nur ein paar lange, auf dem Boden liegende Äste, welche gemeinsam gesucht werden können, ganz normale Kerzen und etwas Klebeband oder Draht. Je nachdem, wie dick die gefundenen Äste sind, reicht ein dicker Ast oder aber man wickelt zwei bis vier Äste mit einem Draht oder Klebeband zusammen. Als Nächstes befestigt man das untere Drittel einer Kerze wiederum mit Draht oder Klebeband an den Ästen und steckt die fertige DIY-Fackel in den Boden. Seien Sie aber bitte immer vorsichtig. Offenes Feuer nur verwenden, wenn es die Umstände und Campingplatz-Regeln erlauben.

WANDERN MIT KIDS

Wandern ... zu Zeiten von schlecht erhaltenen Trimm-Dich-Pfaden eine eher angestaubte und notgedrungene Sonntagsbeschäftigung, heute eine DER Outdoor-Aktivitäten schlechthin. Sicherlich hat das damit zu tun hat, dass es in ganz Europa inzwischen unglaublich tolle, moderne Wanderrouten und Klettersteige gibt, die Jung und Alt kleine und größere Abenteuer bieten. Kein Wunder also, dass so viele Camper gerne wandern gehen. Hier einige Tipps, worauf Sie beim Wandern mit Kindern achten sollten.

374 Nicht überfordern

Eine gewisse Anstrengung ist gut und richtig, aber ein „Höllenmarsch" samt tagelangem Muskelkater hat für die Wenigsten mit Urlaub und Spaß zu tun. Darum sollte das Niveau immer an den schwächsten Wanderer angepasst sein.

375 Ein bisschen Abenteuer bieten

Stundenlanges Wandern durch die Natur kann nett sein, ist vielen Kindern aber meist zu langweilig. Glücklicherweise gibt es im Netz viele Plattformen, die sich mit den verschiedensten Wanderrouten beschäftigen. Eine Route über Stock und Stein, entlang stillgelegter Bahnschienen oder alter Tunnel kann für Kids deutlich spannender sein und hilft dabei, Kindern das Wandern schmackhaft zu machen.

376 Gut gerüstet

Für eine normale, nette Urlaubswanderung muss man vorab nicht unbedingt viel Geld für spezielle Outdoor-Kleidung ausgeben. Flip-Flops sind aber selbst für einen Anfänger-Wandersteig ein unpassendes und gefährliches Schuhwerk. Jeder Wanderer benötigt auf jeden Fall festes Schuhwerk und sollte einen Rucksack, Wasser, etwas Proviant, Blasenpflaster und eine Allwetter-Jacke bei sich tragen.

Mit kleinen Herausforderungen und der richtigen Ausrüstung macht auch Kindern das Wandern Spaß.

Ziel erreicht – der Übernachtung auf der Hütte steht nichts mehr im Wege.

377 Gegen die Langeweile

Um die Kleinen bei Laune zu halten, sind Suchspiele auf Wanderungen sehr beliebt. In Form einer Schnitzeljagd beispielsweise kann man bereits vorab einen Zettel mit Fragen vorbereiten, welche die Kinder unterwegs beantworten müssen:

- ✪ Wer findet die erste rote Blume?
- ✪ Finde etwas Rundes, Dreieckiges, Ovales ...
- ✪ Wer sieht das erste Eichhörnchen?
- ✪ Finde einen Grashüpfer.
- ✪ Wer sieht die erste Ameisenstraße/einen Ameisenhaufen?
- ✪ Wer findet das größte Blatt?
- ✪ Wie häufig kannst Du einen Stein über den See springen lassen?
- ✪ Finde zehn Bucheckern.
- ✪ Wie viele Brücken wurden überquert?
- ✪ Balanciere über drei Baumstämme ... usw.

378 Geocaching und Wandern

Befindet sich vielleicht ein Schatz auf der Wanderroute? Zwei bis drei Schatzsuchen zwischendurch lockern das Wandern deutlich auf.

379 Highlight Hüttenübernachtung

Ein besonderer Höhepunkt des Urlaubs kann natürlich eine Übernachtung auf einer Berghütte sein. Solange das Camping-Fahrzeug sicher steht, kann man auch eine Nacht außerhalb verbringen, denn so eine Nacht auf einer Berghütte ist ein besonderes Erlebnis. Während der Sommerferienzeit sollte man sich allerdings frühzeitig anmelden, da die meisten Wanderhütten nur wenige Betten anbieten und schnell belegt sind.

CAMPING MIT HUND UND KATZE

Gefühlt in jedem zweiten Camping-Fahrzeug fährt mittlerweile mindestens ein Hund mit in den Camping-Urlaub – schließlich gehen nicht wenige Hundebesitzer bewusst gerade wegen ihres Vierbeiners campen. Diese Urlaubsform hat nämlich nicht nur für uns Menschen viele Vorteile, auch unsere Hunde lieben es, Neues zu sehen oder zu erschnüffeln, zu erleben und dies alles zusammen mit Frauchen bzw. Herrchen und ohne traumatische Anreise im Frachtraum eines Flugzeuges. Auf folgende Dinge sollten Sie dabei achten.

380 Hunde erlaubt?

Als Allererstes ist es natürlich wichtig, dass der angestrebte Camping- bzw. Stellplatz Hunde überhaupt erlaubt. Dies sollten Sie unbedingt vorab klären.

381 Bestimmungen im Land kennen

Außerdem sollte sich jeder Hundebesitzer über Einreisebestimmungen, Impfungen und Ungezieferschutz vor einer Reise mit Hund informieren. Verlässliche Informationen finden Sie auf der Seite des Zolls oder den entsprechenden Visit-Internetseiten, beispielsweise www.visit-france.com, www.visit-norway.com usw.

382 Ungezieferschutz

Zum Thema Ungezieferschutz ist der Tierarzt der beste Ansprechpartner. Dieser kann Ihnen genau erklären, worauf Sie in welcher Region achten sollten und welcher Ungezieferschutz für Ihr Tier am geeignetsten ist.

383 Sicherer Transport

Davon abgesehen muss sich natürlich jeder Hundebesitzer Gedanken darüber machen, wie er seinen Hund im Camping-Fahrzeug am sichersten trans-

portiert. Einige Camper nutzen Hundeboxen oder transportieren den Hund in der extra ausgestatteten „Hunde-Wohnmobil-Garage". Die allermeisten Camper nutzen aber wohl ein spezielles Geschirr samt kurzer Leine und Anschnaller, um den Hund während der Fahrt zu sichern.

384 Pausen während der Fahrt

Denken Sie unbedingt daran, dass der angeschnallte Hund nicht an seinen Wassernapf gelangt. Darum sind regelmäßige Pausen bei einem Roadtrip mit Hund unerlässlich. Mal ganz abgesehen davon, dass der Hund die Pausen natürlich auch zum Austreten und Bewegen benötigt.

Bei warmen Temperaturen wird es im Wohnmobil auch für Hunde zu heiß. Besser ist es, diese Zeit mit ihm vor dem Van zu verbringen.

385 Hunde-Utensilien

Folgende Dinge sollten Sie auf jeden Fall einpacken:

- den blauen EU-Heimtierausweis
- Hundegeschirr/-halsband
- Leine
- Schleppleine
- Wassernapf
- Fressnapf
- Hundefutter
- Leckerlis
- Decke und Körbchen
- ausreichend Kottüten
- wenn nötig, Medikamente

Dank spezieller Saugnäpfe lässt sich die Hundeleine direkt am Van befestigen.

386 Hundefutter

Wenn man nicht gerade eine mehrmonatige Tour plant, sollte man für den Hund ausreichend Futter an Bord haben. Im Ausland gibt es meist das für den Hund bekannte Hundefutter nicht und ein plötzlicher Wechsel kann zu Magen-Darm-Problemen führen. Bei sehr langen Touren sollte man frühzeitig damit beginnen, immer eine kleine Menge des neuen Hundefutters unter das alte zu mischen, damit sich der Hundemagen daran gewöhnen kann.

387 Schleppleine

Eine Schleppleine ist für den Camping-Urlaub mit Hund ganz besonders praktisch. Zum einen muss der Hund auch auf der eigenen Campingplatz-Parzelle immer angeleint sein und hat durch die Schleppleine dennoch einen möglichst großen Bewegungsradius. Zum anderen gilt auch an vielen Stränden Leinenpflicht. Dank einer zehn bis 15 Meter langen Schleppleine ist der Hund angeleint, kann aber trotzdem toben oder eine Runde schwimmen gehen. Um den Hund auf der Parzelle zu sichern, kann man dank der Karabiner auch zwei normale Leinen verbinden, sollte man die Schleppleine mal vergessen haben.

388 Wasserversorgung

Vor allem in warmen Regionen benötigt der Hund viel Wasser. Sollte man irgendwo tagsüber mit seinem Hund unterwegs sein und keinen geeigneten Wassernapf dabeihaben, kann man auch gut eine Hunde-Kottüte als Wassernapf nutzen. Dazu einfach die frische Tüte mit Wasser füllen und vorsichtig auf den Boden stellen. Durch das Eigengewicht bleibt die gefüllte Tüte gut stehen und der Hund kann in Ruhe trinken.

389 Mit Katze

Mittlerweile gibt es auch immer mehr Camper, die mit ihrer Katze in den Urlaub fahren, und bei vielen Katzenbesitzern klappt das Campen mit Katze auch erstaunlich gut. Sollte die Katze allerdings vorab noch nie ein Geschirr getragen haben, könnte es problematisch werden. Deshalb sollte man bereits zu Hause üben und das Tier daran gewöhnen. Denn dank des Geschirrs und einer passenden Leine kann sich die Katze auch außerhalb des Fahrzeugs aufhalten.

UNERWÜNSCHTE MITBEWOHNER

Ameisen, Mäuse, Zecken und Co. können beim Campen schnell zum Problem werden. Denn so wichtig die Tierchen in der Natur auch sein mögen, eine Ameisenstraße quer durchs Camping-Fahrzeug möchte niemand haben. Darum folgen hier einige Tipps, worauf Sie als Camper achten sollten.

390 Umgang mit Lebensmitteln

Das A und O, um Ungeziefer zu vermeiden, ist, dass man alle (!) Lebensmittel dicht verschließt. Zucker, Salz, Mehl usw. kann man sehr gut vorab in Schraubgläser umfüllen. Vorsicht vor allem bei Müsli, Cornflakes oder Ähnlichem: Es zieht Mäuse magisch an und sollte darum unbedingt umgefüllt und nach dem Urlaub am besten direkt aus dem Camping-Fahrzeug entfernt werden. Während des Urlaubs passiert es zudem schnell, dass man Lebensmittel über einige Stunden oder gar über Nacht draußen auf dem Tisch stehen lässt. Dies zieht nicht nur Ungeziefer, sondern auch wilde Katzen oder ähnliche Tiere an, die dann gern mal ein „Schlachtfeld" hinterlassen.

391 Gegen Ameisen

Sollte die Ameisenstraße schon vorhanden sein, können Sie sie mit viel Essigwasser ausputzen und danach eine Linie, z. B. mit einem Deo, ziehen. Da Ameisen Geruchsbahnen ziehen und denen folgen, kann man sie durch Essig im Wasser und die „Mauer" aus Deo oder Ähnliches schonend bekämpfen.

392 Gegen Wespen

Ein altes Hausmittel gegen Wespen sind Zitronenhälften, gespickt mit Nelken. Die Hälften kann man einfach auf einen kleinen Teller auf den Tisch stellen – durch den Duft sollen Wespen verschwinden. Ein anderes ähnlich wirkendes Hausmittel ist brennendes Kaffeepulver. Dazu einfach einige Esslöffel Kaffee in eine feuerfeste Schale geben und anzünden. Qualm und Geruch verscheuchen Wespen recht zuverlässig.

Essen und Getränke sollten nach der Mahlzeit schnell wieder weggeräumt werden, damit Insekten erst gar nicht angelockt werden.

Die Do-it-yourself-Wespenfalle – hier fehlt nur noch die süße Limonade als Lockmittel.

393 DIY-Wespenfalle

Sie benötigen nur eine leere PET-Flasche, eine Schere oder ein Messer und etwas Klebeband. Schneiden Sie die Flasche ungefähr im oberen Drittel einmal komplett durch, nehmen Sie den Deckel ab und drücken Sie den abgeschnittenen oberen Teil, umgekehrt, wieder in den Rest der Flasche. Dann die Ränder mit etwas Klebeband befestigen, eine süße Limonade einfüllen und das Ganze etwas abseits aufhängen. Die Wespen werden sich auf die süße Limonade stürzen, finden auch den Weg durch den geöffneten Schraubverschluss in die Falle, kommen dann aber nicht mehr heraus und können leicht entsorgt werden.

394 Gegen Schnecken

Ein einfaches Mittel gegen Schnecken sind Tannennadeln. Einfach eine Linie aus Tannennadeln (oder Piniennadeln) um die Parzelle oder den Van ziehen, und schon bleiben die schleimigen Freunde fern. Da die Nadeln an den Schnecken kleben bleiben, rutschen sie nur äußerst ungern über die Baumnadeln.

395 Gegen Fliegen

Auch wenn von Fliegen keine Gefahr ausgeht, kommen sie in Massen und können ziemlich nervig sein. Abhilfe schaffen zwei, drei Basilikumtöpfe im Fahrzeug. Fliegen mögen wohl dessen Geruch nicht und werden schnell das Weite suchen. Minze hilft ebenfalls gegen Fliegen, aber auch gegen viele Mücken- und Motten-Arten. So kann man mit ein paar Gewürzen gleich „zwei Fliegen mit einer Klappe schlagen".

396 Gegen Motten

Motten sind nicht nur lästig, Kleidermotten durchlöchern auch gerne unsere Kleidung. Abhilfe schaffen ein paar Lavendelsäckchen. Diese kann man natürlich fertig kaufen, aber auch ganz einfach selber machen. Dazu nur einige Lavendelzweige pflücken, klein schneiden oder die Blüten trennen und in eine Serviette, ein Taschentuch oder einen Kaffee-/Teefilter füllen. Das Ganze wird mit einem Band verschlossen und in den Kleiderschrank gehängt.

397 Gegen Zecken

Um zu vermeiden, dass sich Zecken festsaugen, kann man gut mit einer einfachen Fusselrolle über Kleidung und Körper gehen. Sollte irgendwo eine Zecke lauern, bleibt diese an der klebrigen Rolle hängen.

DIE BESTEN REGEN-TIPPS

Viele Regentage am Stück können die Stimmung beim Campen ziemlich negativ beeinflussen. Folgende Tipps machen nasse Zeiten erträglicher.

398 Wohin mit nasser Kleidung?

Nasse Jacken und Hosen kann man am besten direkt in der Dusche aufhängen. Dort kann die Feuchtigkeit abtropfen und die nasse Kleidung hängt nicht ständig im Weg. Oder man fährt die Markise wenige Zentimeter aus und hängt die Jacke draußen samt Bügel unter die Markise. Durch den Wind trocknen die Klamotten meist schnell. Allerdings sollte man die Jacke dann in den Van legen, damit sie vor dem nächsten Tragen nicht feuchtkalt ist. Übrigens: Die wenigen Zentimeter können auch bei Wind nicht umschlagen – so entsteht zumindest ein halbwegs trockener Eingangsbereich, um z. B. Schuhe auszuziehen.

399 Was tun bei undichten Stellen?

Im allerersten Moment kann man tatsächlich nur sehr wenig tun, wenn es ins Camping-Fahrzeug regnet. Allerdings sollte man die Zeit nutzen, um zu schauen, wo genau das Wasser reinkommt. Solange es regnet, kann man die meisten Bereiche nur immer wieder trockenwischen. Handelt es sich beispielsweise um undichte Dachfenster, kann man versuchen, die Gold-Silber-Rettungsfolie aus dem Erste-Hilfe-Kasten oder einen großen Müllsack aufzuschneiden und über das komplette Fenster zu legen.

400 Provisorisch abdichten

Sobald es aufgehört hat zu regnen, ist die Zeit gekommen, um die undichte/-n Stelle/-n provisorisch abzudichten. Dazu das gesamte Gebiet komplett trocken und fettfrei putzen und mit Klebeband (Gaffa-Tape) und Folie aus Müllbeuteln, Frischhaltefolie oder Ähnlichem abdichten. Das im Handel erhältliche Tape samt Dichtmasse für Boote und Wohnmobile eignet sich besonders gut.

Kaffee und Marshmallows können einen Regentag auch versüßen.

403 Ins Schwimmbad gehen

Regentage im Camping-Urlaub können schnell an den Nerven aller Familien-mitglieder zehren. Deshalb ist es gut, wenn man sich vorab ein paar Gedanken gemacht hat. Schwimmbäder beispielsweise eignen sich wunderbar, um Regentage zu überbrücken – egal ob Wellnessoase mit Sauna für die Erwach-senen oder Freizeit-Spaßbad mit Rutschenpark für die ganze Familie. Und das Tolle ist: Mittlerweile verfügen viele Schwimmbäder über einen eigenen Stellplatz.

402 Lust auf Trampolin-Springen oder Minigolf?

Seit einigen Jahren sprießen Trampolin-Parks und Indoor-Minigolf-Anlagen überall in Europa fast wie Unkraut aus dem Boden – sicherlich gibt es einen solchen Park also auch irgendwo in Ihrer Urlaubsregion. Indoor-Minigolf-An-lagen sind häufig auch noch mit besonderen Neon-Blaulicht-Lichtern ausge-stattet, sodass es sich eben nicht mehr nur um „altmodische" Minigolfplätze handelt, sondern um moderne Anlagen samt Lasershows und ganz speziellen, spannenden Bahnen.

Kurse für Kreative oder Schlechtwetter-Programm gibt es in vielen Touristenorten zuhauf.

403 „Escape Room"

Ein ganz besonderes Erlebnis sind die sogenannten „Escape Rooms", die es mittlerweile in vielen Städten Europas gibt. Hier geht es darum, als Familie/Gruppe in einen Raum eingesperrt zu werden und verschiedene Rätsel gemeinsam zu lösen, um einen Schatz oder den Weg nach draußen zu finden. Natürlich wird alles überwacht und man kann, sollte man nicht weiterkommen, Hilfe anfordern. Ein super Freizeitspaß für alle jungen und alten Detektive, allerdings meist nicht ganz günstig. Vorsicht – je nach Themenwelt können bestimmte Anlagen auch ganz schön gruselig sein, daher ist das Abenteuer eher für ältere Kinder, Teenager und Erwachsene zu empfehlen.

404 Ungewöhnliche Museen

Viele junge Camper finden Museen langweilig und öde. Doch mittlerweile gibt es in fast jeder Region auch eher ungewöhnliche, tolle und ganz besondere Museen. Wie wäre es mit einem Besuch im Schokoladenmuseum, einem Dackel- oder Giraffen-Museum oder einer Ausstellung für Kinder zum Mitmachen? Ein Blick ins Internet lohnt sich – Sie werden sich wundern, welche Museen es in Ihrer Nähe gibt.

405 Bootstouren

Bootstouren an Regentagen? Ja, definitiv! Die meisten Boote, mit denen man z. B. zu einer Hafenrundfahrt aufbricht, haben ein nettes Restaurant/ Cafe unter Deck mitsamt großen Fenstern. Hier sitzt man warm und trocken bei Kaffee, Kakao und Kuchen und bekommt trotzdem einiges zu sehen – ein ganz unkomplizierter Nachmittagsausflug.

406 Kurse aller Art

Töpferkurse, Malkurse, Vorlese-Aktionen ... ganz viele Touristenorte bieten ihren Besuchern ein kulturelles Urlaubsangebot wie z. B. einen dreistündigen Töpferkurs oder Ähnliches. Es lohnt sich, der jeweiligen Touristeninformation einen Besuch abzustatten. Die Angestellten sind Profis und haben viele tolle Ideen für Freizeitbeschäftigungen und Ausflugsziele.

407 Kreativ spielen

Eine der besten und einfachsten Ideen, die ich beim „Regen-Camping" mit meinen kleinen Nichten hatte, war, eine Bude im Wohnmobil zu bauen. Manchmal sind es eben die kleinen, einfachen Dinge, die für den größten Spaß sorgen. Die großen Bettdecken kamen über den Tisch, passende Kissen und Decken in die „Höhle" unter dem Tisch und schon war der gesamte Nachmittag gerettet. Puppen und Spielzeug durften mit in die Höhle, dazu ein großer Becher Kakao ... und später wurde noch mitsamt Taschenlampe vorgelesen. Meine kleinen Nichten liebten es.

408 Dem Regen trotzen

Klar wünschen sich die meisten Camper etwas anderes als Dauerregen. Aber selbst wenn es so sein sollte, der echte Regen-Hüttenkoller bricht vor allem dann aus, wenn man sich zu viel im Camping-Fahrzeug aufhält. Also Gummi- stiefel und Jacke an, Kapuze auf und nichts wie raus! Dann ist es später im warmen Camping-Fahrzeug umso gemütlicher.

COOLE TRICKS GEGEN HITZE

Innerhalb der Sommermonate gehen die meisten Camper on tour, und natürlich ist ein Camping-Urlaub bei schönstem Sommerwetter besonders nett. Wenn die Temperaturen allerdings so hoch steigen, dass man sich tagsüber selbst im Schatten kaum noch bewegen mag und die Nächte wach liegt, weil es einfach viel zu warm ist, wird der Sommertraum zum Albtraum. Doch zum Glück gibt es jede Menge „coole" Sommer-Camping-Tricks.

409 Im Fahrzeug 30 Grad und mehr

Das Beste und Einfachste ist natürlich, das Fahrzeug, wenn möglich, im Schatten zu parken. Sollte man z. B. an der Küste stehen und bemerken, dass der Wind grundsätzlich aus einer Richtung kommt, sollte man zur Not auf die schöne Aussicht aus dem Fahrzeug heraus verzichten und das Fahrzeug mit der Aufbautür in den Wind stellen.

410 Schatten vor dem Fahrzeug

Wenn es keinen Wind gibt oder dieser ständig dreht, sollte man zumindest darauf achten, dass der Lebensraum vor dem Wohnmobil tagsüber im Schatten liegt.

411 Fenster und Scheiben abdunkeln

Ganz wichtig ist das Abdunkeln der Fenster, nachdem man morgens früh noch mal ordentlich gelüftet hat. Dabei sollte man die Frontscheibe/das Fahrerhaus und die Dachfenster nicht vergessen. Ganz einfach funktionieren Alu-Winter-Thermo-Matten, die man im Winter für wenig Geld kaufen kann. Diese sind übrigens auch dann vorteilhaft, wenn das Reisemobil über ein normales Fahrerhausrollo verfügt, da sie die Wärme nicht abstrahlen. Sollte man keine Thermo-Matten an Bord haben, kann man auch die praktische Gold-Silber-Rettungsdecke (mit der Silberseite nach außen) oder irgendetwas anderes nutzen. Wichtig ist nur, dass die große Frontscheibe abgedeckt wird. Für die Dachfenster am besten die Thermo-Matten oder die Rettungs-

Vergessen Sie nicht, Markisen oder Sonnensegel immer einzurollen, bevor Sie die Parzelle verlassen.

decke in passende Stücke schneiden, (mit der Silberseite nach außen) über die Dachfenster legen und das Fenster wieder ganz normal schließen, sodass die Decke festklemmt.

412 Sonnensegel

Eine möglichst günstige Alternative, wenn das Camping-Fahrzeug über keine Markise verfügt, ist ein einfaches Sonnensegel. Es lässt sich leicht an zwei Seiten am Fahrzeug verknoten, während das dritte Seil um einen Baum gespannt wird (bitte den Baumschutz nicht vergessen). Zur Not kann man es auch an einem Stuhl, in der Hecke, an einer Leiter oder Ähnlichem befestigen. Dann hängt es zwar relativ niedrig, aber es reicht, um im Schatten sitzen zu können.

413 DIY-Klimaanlage

Wenn man einen Ventilator an Bord hat, hilft es erstaunlich viel, wenn man ein feuchtes Handtuch vor den Ventilator hängt. Dazu den Ventilator einfach auf den Tisch stellen und ein feuchtes Handtuch in ein Dachfenster oder den Oberschrank klemmen. Durch die Verdunstungskälte baut man sich so seine eigene, kleine Klimaanlage. Das Prinzip funktioniert übrigens auch sehr gut im Bereich der Seitenscheiben im Fahrerraum. Dazu einfach die Seitenscheibe

Manchmal hilft nur noch Abkühlung von innen.

etwas runterfahren, ein eiskaltes, feuchtes Handtuch über den Scheibenrand legen und das Handtuch beim Hochfahren einklemmen. Auch hier entsteht durch das Trocknen der Handtücher Verdunstungskälte.

414 Warmer Kühlschrank?

Die meisten älteren Camping-Fahrzeuge verfügen über einen sogenannten Absorber-Kühlschrank, einen Kühlschrank also, der immer von der Außentemperatur abhängig ist und nur eine Kühlung von etwa 20 Grad unter dieser schafft. Wenn draußen also 35 Grad im Schatten herrschen, dann misst man im Kühlschrank immer noch 15 Grad. Dies sollten Sie unbedingt bedenken, wenn Sie z. B. Fleisch für die abendliche Grillparty einkaufen wollen.

415 Kühlschrankleistung erhöhen

Man kann die Leistung des Kühlschranks im Sommer etwas verbessern, wenn man die Lüftungsgitter abnimmt, sodass der Kühlschrank etwas mehr Luft ziehen kann. Begabte Hobby-Handwerker können auch einen kleinen Ventilator, z. B. aus einem alten PC ausgebaut, vor der Kühlschrankbelüftung installieren. Viele Camper sind sich darüber einig, dass ihr Kühlschrank an sehr heißen Sommertagen auf Gasbetrieb besser kühlt als auf Strom.

416 Elektrische Kühlbox

Wer darauf angewiesen ist, auch im Hochsommer gekühlte Lebensmittel sicher nutzen zu können, sollte sich Gedanken über Alternativen wie eine elektrische Kühlbox machen. Gute Produkte sind zwar relativ teuer, kühlen Getränke, Fleisch und Milchprodukte aber sicher runter.

417 Kühlen mit Tiefgekühltem

Natürlich kann man im Hochsommer auch gut auf bereits eingefrorene Produkte zurückgreifen. Sie tauen im Kühlschrank langsam auf, kühlen aber gleichzeitig die Produkte, die bereits im Kühlschrank liegen. Einige Camper kaufen im Hochsommer gerne Crash-Eis oder Eiswürfel aus dem Supermarkt oder der Tankstelle und legen die Beutel mit in den Kühlschrank. Oder man füllt das Eis in eine große Schüssel, legt Getränke mit hinein und stellt alles z. B. unter das Fahrzeug in den Schatten.

418 Nicht kochen

Logisch ist außerdem: Vor allem am Abend sollte man es vermeiden, im Camping-Fahrzeug zu kochen. Die durch den Gasherd erzeugte Wärme bekommt man so schnell nicht wieder aus dem Fahrzeug. Lieber draußen grillen, kalte Speisen genießen oder einfach den Pizzadienst bestellen.

419 Kühlende Sonnencreme

Ein ganz einfacher Tipp ist, einige Tropfen Minzöl (das man in jeder Apotheke oder in den meisten Drogeriemärkten bekommt) in die Sonnencreme zu geben; dadurch kühlt diese nach dem Auftragen ganz automatisch. Allerdings darf man sich diese Spezial-Sonnencreme nicht in die Augen schmieren und auch nicht auf Schleimhäute auftragen! Übrigens: Wenn Sie die Sonnencreme – ob mit oder ohne Minzöl – im Kühlschrank aufbewahren, bekommen Sie direkt bei jedem Eincremen einen kleinen Frischekick – das ist sehr angenehm an heißen Tagen.

420 Wärmeflasche zum Kühlen

Die alten, einfachen Gummiwärmeflaschen eignen sich hervorragend, um nachts besser einschlafen zu können. Dazu einfach die Wärmeflasche einige Stunden vor dem Zubettgehen mit kaltem Wasser füllen und in den Kühlschrank legen. Wenn man diese „Kühlflasche" abends mit ins Bett nimmt und z. B. unter die Knie legt, kann man deutlich besser in den Schlaf finden.

421 Coolpads

Ähnlich gut funktionieren Coolpads, welche man normalerweise bei kleineren Verletzungen nutzt. Legt man diese Gelkissen vorab in den Kühlschrank und steckt sie abends vor dem Schlafengehen unter den Kopfkissenbezug, kühlen sie wunderbar. Leider verlieren die Gelkissen relativ schnell ihre Temperatur, aber um besser einzuschlafen, sind sie klasse.

422 Kühle Bettwäsche

Gerade beim Sommercamping ist die richtige Bettwäsche an heißen Tagen das A und O. So hübsch Satinbettwäsche auch sein mag, die gute Baumwollbettwäsche, am besten schon zigmal gewaschen, ist für heiße Sommernächte deutlich besser geeignet. Baumwolle nimmt den Schweiß auf und transportiert ihn besser von der Haut als eine künstliche Faser. Allerdings werden handelsübliche Produkte häufig stark imprägniert, wodurch sie nicht so schnell knuddelig werden. Dadurch gelangt aber auch kaum Luft durch die Fasern – deshalb ist oft gewaschene Bettwäsche am allerbesten.

423 Decken-Tipps

In sehr heißen Sommernächten kann man nur die Bettwäsche zum Zudecken nutzen, wenn schon die leichteste Bettdecke viel zu warm ist. Allgemein eignen sich zum Campen Oberbetten gut, die aus zwei Decken bestehen, die man zusammenknöpfen kann. So hat man im Winter ein warmes Oberbett und nutzt im Sommer nur einen Teil der Decke. Man sollte sich allerdings immer eine Bettdecke zurechtlegen, selbst wenn man völlig ohne sich zu bedecken einschlafen möchte. Irgendwann in der Nacht wird es in der Regel kühler, und dann ist man froh, etwas zum Zudecken griffbereit zu haben.

Baumwollbettwäsche kühlt in heißen Sommernächten am besten.

424 Schlafkleidung

Auch die richtige Schlafkleidung kann in heißen Sommernächten helfen. Denn auch wenn es so heiß ist, dass man am liebsten nackt schlafen würde, ist dies nicht ratsam. Ohne Kleidung bleibt der Schweiß direkt auf der Haut, weshalb es sich so fühlt, als würde man in seiner „eigenen Suppe" liegen. Am besten eignet sich wiederum locker-luftige Baumwollkleidung, z. B. ein großes weißes T-Shirt, Baumwoll- oder Boxer-Shorts. So wird der Schweiß direkt von der Haut geleitet und man hat nicht innerhalb weniger Minuten das Gefühl, dass alles klebt.

425 DIY-Körperspray

Ein selbst gemachtes Körperspray aus schwarzem Tee, Minzöl und Wasser wirkt wahre Wunder. Dazu einfach einen Becher schwarzen Tee kochen und abkühlen lassen. 250 Milliliter schwarzen Tee mit 750 Milliliter kaltem Wasser und einigen Tropfen Minzöl mixen und in eine Sprühflasche umfüllen. Am besten an einem kalten Ort lagern und immer mal wieder über den Tag hinweg nutzen. Allerdings Vorsicht bei heller Kleidung – der schwarze Tee kann Flecken verursachen.

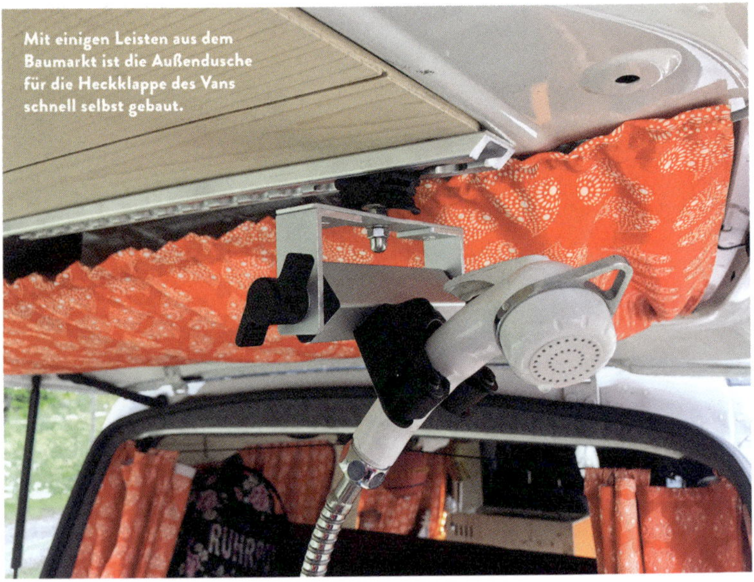

Mit einigen Leisten aus dem Baumarkt ist die Außendusche für die Heckklappe des Vans schnell selbst gebaut.

Mit einigen Minzöl-Tropfen im Fußbad bleiben die Füße deutlich länger „cool".

426 Kaltes Fußbad

Es klingt so einfach, bringt aber so viel. Ein kaltes Fußbad an heißen Tagen ist schnell erstellt und selbst weit abseits von Meer oder See herrlich erfrischend.

427 Warm duschen

Auch wenn man sich an heißen Sommertagen am liebsten unter eine kalte Dusche stellen würde: Heiß zu duschen hilft bedeutend besser. Gerade am Abend, kurz vor dem Zubettgehen, hilft eine heiße Dusche nicht nur gegen die gefühlten Temperaturen, sie fördert auch den Schlaf. Danach ein frisches Baumwoll-Shirt anziehen, eine kühlende „Wärmeflasche" unter die Knie legen, und schon sind selbst heißeste Sommernächte im Camping-Fahrzeug gut zu ertragen.

428 Hunde nicht im Fahrzeug einsperren

Das Camping-Fahrzeug ist im Sommer bei hohen Temperaturen kein Ort, an dem ein Hund länger verweilen kann. Selbst Reisemobile heizen sich sehr stark auf, von Kastenwägen, Vans und Bussen ganz zu schweigen – deshalb darf der Hund keinesfalls z. B. während eines Ausflugs einfach im Wohnmobil eingesperrt werden. Leider kommt das dennoch immer wieder vor. Wenn man Glück hat, wurde das Fahrzeug in der Zwischenzeit von der Polizei aufgebrochen – wenn nicht, liegt der beste Freund des Menschen nach der Rückkehr vielleicht tot im Fahrzeug.

429 Klimaanlagen bieten keine Garantie

Selbst Klimaanlagen bieten nicht immer ausreichend Schutz. Die Stromversorgung ist in vielen Ländern nur unzureichend, es kommt immer wieder zu Stromausfällen und es kann auch geschehen, dass das Stromkabel von einem Mitcamper aus Versehen getrennt wurde oder die Batterien nicht so lange halten wie gedacht. Deshalb: Sperren Sie Ihren Hund im Hochsommer auch bei Fahrzeugen mit Klimaanlage nie länger als wenige Minuten alleine im Fahrzeug ein.

Eine Strandmuschel spendet
auch Vierbeinern erholsamen
Schatten.

430 Ruhig sitzen vorab üben

Für einen Camping-Urlaub mit Hund im Sommer ist es sehr hilfreich, wenn
der Hund alleine, ruhig und ohne Stress vor dem Camping-Fahrzeug liegen
kann. Dies können Sie wunderbar bereits zu Hause mit Ihrem Hund üben,
indem Sie sich immer mal wieder von ihm entfernen, während er irgendwo
angeleint sitzen bleiben soll. Sobald der Hund auch nur einen Moment ruhig
sitzt, erscheinen Sie wieder in seinem Blickfeld und loben ihn überschwäng-
lich. Wenn Sie diese Situation regelmäßig üben, hat der Hund schnell den
Dreh raus und Sie können ihn z. B. auf einem Campingplatz, am Wohnmobil
im Schatten angeleint, einige Zeit alleine lassen, während Sie z. B. duschen
gehen.

431 Lange Leine

Sind Hunde auf einem Campingplatz erlaubt, dann in den allermeisten Fällen nur angeleint. Darum sollte man grundsätzlich darauf achten, dass die Leine lang genug ist, damit sich der Hund in den Schatten legen kann und jederzeit seinen Wassernapf erreicht.

432 Strandmuschel für Hunde

Möchte man mit seinem Hund an den Strand gehen, ist eine Strandmuschel extrem hilfreich. So findet Ihr Liebling immer ein schattiges Plätzchen und auch die eigenen Dinge haben einen schattigen, zunächst auch sandfreien Platz. Sollte Ihr Hund nicht von selbst zu buddeln beginnen, können Sie ihm im Sand auch eine Kuhle graben, in die er sich hineinlegen kann, da der tieferliegende Sand immer feucht und kühl ist.

433 Feuchtes Handtuch

Wenn Ihr Hund nicht ins Wasser gehen mag – ganz gleich ob ins Meer oder in einen See –, mag er aber vielleicht trotzdem ein kaltes, feuchtes Handtuch. Testen Sie es aus; wenn es ihm nicht gefällt, wird er Ihnen das schnell zeigen. Ganz wichtig ist allerdings, den Hund niemals komplett mit einem großen, schweren, nassen Handtuch zu bedecken.

Manche Hunde mögen nasse Handtücher.

AUF ZUM WINTER-CAMPING!

Winter-Camping ist eine ganz besondere Erfahrung und kann wunder-, wunderschön sein. Allerdings muss man sich auf das Campen im Winter unbedingt etwas spezieller vorbereiten.

434 Kühlflüssigkeit kontrollieren

Durch die Nutzung der Heizung ist der Verbrauch der Kühlflüssigkeit im Winter relativ hoch, deshalb ist es wichtig, die Kühlflüssigkeit zu kontrollieren. Davon abgesehen sollte sie natürlich über ausreichend Frostschutz verfügen.

435 Reifendruck

Der Reifendruck sollte bei Schnee und Glätte etwas gesenkt werden; so bekommen die Reifen mehr Auflagefläche und Grip.

436 Scheibenwischwasser

Das Scheibenwischwasser sollte maximal aufgefüllt werden und über Frostschutz verfügen. Durch Schneematsch, Schnee und Regen benötigt man sehr viel Scheibenwischwasser während der Fahrt.

437 Enteiserspray für Schlösser

Ein Camping-Fahrzeug verfügt über viele Schlösser und Klappen – eine Flasche Schlossenteiser mitzunehmen ist deshalb Pflicht. Natürlich sollte man dies nicht im Fahrzeug aufbewahren, sondern am besten in der Hand- oder Jackentasche. Zur Not kann man es auch mit ganz normalem Desinfektionsmittel/-gel versuchen. Dieses kann man bereits vorab in die Türschlösser geben, damit der hohe Alkoholgehalt in den Mitteln ein Zufrieren verhindert.

Dank der Ausstattung und Ansprechpersonen vor Ort hat das Campen auf Campingplätzen im Winter viele Vorteile.

438 Schneeketten

Wer mit dem Camping-Fahrzeug im Winter auch in die Berge möchte, sollte sich vorab um passende Schneeketten kümmern.

439 Winter-Packliste

Folgende Dinge sollte jeder Camper zum Winter-Camping an Bord haben:

- ✪ einen großen Besen, um das Fahrzeugdach vom Schnee zu befreien
- ✪ einen Eimer für das Grauwasser
- ✪ Teelichter und Kerzen
- ✪ Taschenlampe oder Lichterkette
- ✪ eine Decke für die gemütlichen Abende
- ✪ Eiskratzer mit langem Handgriff
- ✪ Schneefeger mit langem Handgriff
- ✪ Winterabdeckungen für die Kühlschrankbelüftung
- ✪ Schneeschieber/-schaufel, um die Parzelle und Reifen freizuschaufeln
- ✪ einen Spaten, sollte man mal im Schnee stecken bleiben
- ✪ etwas Sand oder Kies zum Anfahren auf eisigem Untergrund
- ✪ eine Leiter, um an das Fahrzeugdach zu gelangen
- ✪ Aufnehmer/Tuch, um die vermehrte Feuchtigkeit durch nasse Kleidung, feuchte Fenster usw. aus dem Fahrzeug zu bekommen
- ✪ Isoliermatten für die Frontscheibe oder das gesamte Fahrerhaus

440 Heizgebläse

Sobald Sie an Ihrem Ziel angekommen sind, sollten Sie das Heizgebläse am Armaturenbrett auf Inluft stellen. So gelangt weniger kalte Luft von außen in das Fahrzeug. Ebenso sollten Sie sämtliche Öffnungen des Heizgebläses verschließen.

441 Grauwasser-Abfluss öffnen

Wenn das Camping-Fahrzeug keinen beheizten Doppelboden hat, empfiehlt es sich, während des Winter-Campings den Abfluss des Grauwassers immer offen stehen zu lassen, damit das Wasser direkt in eine große Schüssel oder einen Eimer ablaufen kann. Ansonsten passiert es schnell, dass das Grauwasser im Tank gefriert und alle Abflüsse verstopft.

442 Genügend Gas-/Diesel-Reserven?

Ausreichend Gas oder Diesel dabei zu haben, ist beim Winter-Camping ganz wichtig. Bei Minustemperaturen ist eine Elf-Liter-Gasflasche innerhalb von drei Tagen leer, da das Fahrzeug dauerhaft geheizt werden muss. Sobald eine Gasflasche leer ist, sollte man sich also schnellstmöglich um Ersatz kümmern.

443 Heizlüfter

Zur Sicherheit ist es immer gut, einen kleinen Heizlüfter während des Winter-Campings an Bord zu haben. Sollte mit der Heizung mal etwas nicht funktionieren oder das Gas/der Diesel doch schneller leer sein als gedacht, kann man sich mit dem Heizlüfter über eine eisige Nacht retten.

444 Teppichboden

Viele Camping-Fahrzeuge ohne Doppelboden sind im Winter sehr fußkalt. Abhilfe schafft ein Teppichboden im Sitzbereich. Noch etwas wärmer wird es, wenn man eine Thermo-Matte unter den Teppich legt.

445 Scheibenwischer

Damit die Scheibenwischer nicht an der Scheibe festfrieren und Schaden nehmen, sollte man sie direkt nach der Ankunft hochstellen.

446 Campingplätze empfehlenswert

Insgesamt ist der Alltag auf einem gut ausgestatteten Campingplatz während des Winter-Campings deutlich einfacher und entspannter. Hier bekommt man immer Strom zum Laden der Bordbatterien, es gibt beheizte Dusch-häuser, viele Campingplätze bieten Gasflaschen zum Tausch an, und sollte mal irgendetwas nicht funktionieren – z. B. wenn die Schneemassen zu hoch liegen, sodass man nicht von der Parzelle kommt, oder wenn das Fahrzeug nicht anspringt –, bekommt man schnell Hilfe.

447 Lichterkette

Da das Thema Energieversorgung beim Winter-Camping immer wieder für Probleme sorgt, ist die schon mehrfach genannte batterie- oder solarbe-triebene Lichterkette im Winter besonders praktisch. So hat man weiterhin eine Lichtquelle, sollte die Aufbaubatterie an einem langen Winterabend schwächeln.

448 Landstrom

Im Winter kann die Solaranlage meist nicht so viel Leistung erzielen, sodass ein Landstromanschluss nach maximal zwei bis drei Tagen umso wichtiger wird.

SICHER UNTERWEGS

Es gibt einige Dinge die man aus Sicherheitsgründen on tour bedenken oder an Bord haben sollte, damit der Camping-Urlaub zum echten Traumurlaub wird.

449 Nicht an Rasthöfen übernachten!

Auch wenn Sie bis tief in die Nacht fahren möchten oder nur einige Stündchen Schlaf benötigen, um schnell am Ziel anzukommen: Niemals sollten Sie als Camper an Rasthöfen übernachten. Leider gibt es viele hochprofessionelle Diebesbanden, die schlafende Camper an Rasthöfen nachts ausrauben, ohne dass die Betroffenen etwas mitbekommen. Die Umgebungslautstärke auf Rasthöfen ist relativ hoch, man selbst ist müde und kaputt von der langen Fahrt und – wie gesagt – man hat es leider mit Profis zu tun. Sie brechen die Fahrzeuge innerhalb weniger Sekunden leise auf und nehmen alles mit, was sie schnell in die Finger bekommen. Obwohl Diebstähle dieser Art bereits seit Jahren bekannt sind, fallen immer noch Hunderte Camper den Banden zum Opfer.

450 Von der Autobahn abfahren

Wer dringend Schlaf benötigt, sollte von der Autobahn abfahren und eine ruhige Nacht in der Pampa verbringen. Da steht man deutlich sicherer als auf sämtlichen Rasthöfen Europas, da Banden gar keine Zeit haben, einsame Plätze nach Campern abzusuchen.

451 Fahrzeug im Auge behalten

Wer auf Rasthöfen eine Pause einlegt, sollte sein Fahrzeug immer im Auge behalten. Diebe wissen, dass Familien auf dem Weg in den Urlaub viele Wertsachen im Fahrzeug lagern.
Am besten ist es, wenn nie alle Personen gleichzeitig z. B. auf die Toilette gehen, sondern immer jemand am Fahrzeug Wache hält.

Fernab von Autobahn-
raststätten schläft es
sich bedeutend sicherer.

452 Keine Wertsachen liegen lassen

Ein Tipp, der eigentlich jedem bekannt sein sollte: Egal ob Rasthof oder
Strandparkplatz, Wertsachen sollten niemals offen im Camper liegen gelassen
werden. Am besten nehmen Sie Dinge wie Portemonnaie, Tablet-PC, Mobiltelefon usw. einfach mit. Dies gilt ganz besonders für kleinere Strandparkplätze in Südeuropa, weil es hier immer wieder dazu kommt, dass die Seitenscheibe eingeschlagen wird und sämtliche Wertsachen aus dem Fahrzeug geklaut
werden.

453 Vorsicht bei Einkaufszentren

Ein beliebter Diebstahl-Ort in Südeuropa und Nordafrika sind Einkaufs-
zentren. Auch hier werden immer wieder Wertsachen aus Camping-Fahrzeuge gestohlen. Auch in diesem Fall empfiehlt es sich, dass eine Person am
Fahrzeug bleibt, während die anderen einkaufen gehen. Ist dies nicht möglich,
sollte man alle Wertsachen mit in den Laden nehmen.
Ein Hund allein als Schutz genügt nicht – bereits mehrfach ist es Dieben
gelungen, trotz eines Hundes das Fahrzeug auszuräumen.

454 DIY-Diebstahlschutz

Eine relativ einfache Möglichkeit, die Sicherheit des Fahrzeuges im geparkten Zustand zu erhöhen, ist es, wenn man ein Stahlband/eine Kette quer durch das Führerhaus spannt. Dazu einfach eine Stahlkette im Baumarkt kaufen, durch die Handgriffe der Fahrerhaustüren ziehen und mit einem Schloss verschließen. So wird Dieben das Öffnen der Türen deutlich erschwert.

455 Von zu Hause orten

Wer eine Vertrauensperson in der Familie oder im Freundeskreis hat, kann sich überlegen, dieser Person zu erlauben, einen selbst über das Mobiltelefon orten zu dürfen. Sollte wirklich mal etwas passieren, hat derjenige die Möglichkeit zu schauen, an welchem Ort man zuletzt war.

456 Bargeld aufbewahren

Gerade für längere Touren oder einen klassischen Familienurlaub ist es ratsam, einiges an Bargeld im Fahrzeug zu haben, denn nicht überall kann man mit Karte bezahlen. Allerdings sollte man das Bargeld in mehrere kleine Beträge unterteilen und an verschiedenen Orten im Fahrzeug verstecken. So findet ein möglicher Dieb vielleicht nicht alles.

457 Medizinische Unterlagen

Sollte einer der Reisenden besondere Vorerkrankungen gehabt haben, sollte man vorsichtshalber zumindest den letzten Arztbrief und eine Medikamentenübersicht mitnehmen.

458 Wichtige Unterlagen für eine lange Reise

Vor einer langen Tour über mehrere Wochen/Monate ist es immer ratsam, eine Mappe mit Kopien zu allen wichtigen Unterlagen zusammenzustellen, so z. B.:

- ✪ Kopie Fahrzeugversicherung
- ✪ Kopie ADAC-Karte
- ✪ Kopie wichtiger Arztunterlagen (Vorerkrankungen)
- ✪ Ersatzschlüssel Wohnung
- ✪ Kopie Wohnungsversicherungen
- ✪ Kopie Unfall-/Lebensversicherung
- ✪ Kopie Vorsorge-Rücktransport
- ✪ Kopie Kinderausweis
- ✪ Kopie Hunde-EU-Ausweis

459 Vertrauensperson zu Hause

Außerdem sollten Sie alle wichtigen Dinge mit einer Person besprechen, die vertrauenswürdig ist, allerdings auch mit der Regelung von Notfällen, Gesprächen mit Botschaft und Ärzten oder Ähnlichem klarkommt.

460 Wichtige Rufnummern

- ✪ Notfall- und Rettungsdienst innerhalb der EU: 112
- ✪ Mobile Rufnummer des ADAC: 22 22 22
- ✪ EC- und Kreditkarten-Sperre Inland: 116 116
- ✪ EC- und Kreditkarten-Sperre Ausland: 0049 116 116

461 Infozettel für Helfer

Sollte es dennoch mal dazu kommen, dass während des Urlaubs die Kinder bzw. Teens oder der Hund alleine im Camping-Fahrzeug bleiben, ist es immer ratsam, einen gut lesbaren Infozettel in die eigene Geldbörse zu kleben. Dort sollten Infos stehen wie: „Touristen | Kinder/Hund im Wohnmobil | Adresse des Stell-/Campingplatzes | Parzellennummer | Fahrzeug-Kennzeichen."

11. ERSTE HILFE

ERSTE HILFE AM MENSCHEN

Auch während der schönsten Zeit des Jahres kann es zu Unfällen, Erkrankungen oder Missgeschicken kommen. In solchen Situationen ist man froh, wenn man die passende Ausrüstung und ein wenig Wissen an Bord hat.

462 Schnittverletzungen

Kleinere und mittelschwere Schnittverletzungen kann man zunächst selbst versorgen, indem man sich vorab Klammerpflaster in der Apotheke besorgt. Je nach Reiseziel liegt der nächste Arzt oder ein passendes Krankenhaus oft weit entfernt. Sollte es zu einer Schnittverletzung kommen, kann man diese mit entsprechenden Klammerpflastern und Desinfektionsmitteln sehr gut selbst versorgen.

463 Sonnenstich

Elektrolyt-Pulver kann bei Hitze oder dem Verdacht auf einen Sonnenstich und Ähnliches wahre Wunder wirken. Passende Beutel, welche man nur noch in ein Glas Wasser schütten muss, bekommt man in jeder Apotheke.

464 „Staying alive"-Rhythmus

Wenn es zu einer Notfallsituation kommt, in der man Wiederbelebungsmaßnahmen durchführen muss, gibt der Bee-Gees Hit „Staying Alive" den richtigen Rhythmus vor.
Wer im Takt des Songs die Herzdruckmassage durchführt, macht dies in der richtigen Geschwindigkeit.

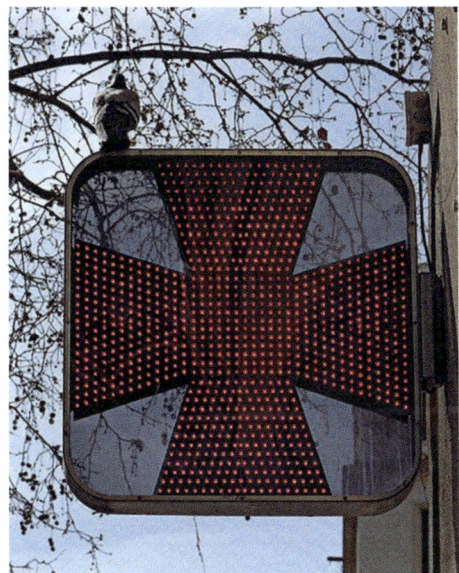

465 Der Heimlich-Handgriff

Dieser Handgriff hat schon vielen Menschen das Leben gerettet, wenn sie sich verschluckt und keine Luft mehr bekommen haben. Dazu den Menschen einfach von hinten mit den Armen umklammern, die Hände direkt unterhalb der Rippen zusammenlegen und mit einem Ruck zu sich ziehen.

466 Hilfe durch Minzöl

Minzöl ist extrem vielseitig einsetzbar:

- ✪ Auf die Schläfen massiert, hilft es bei Kopfschmerzen.
- ✪ Bei Wadenkrämpfen kann man es gut auf die Beine tröpfeln.
- ✪ Bei geschwollenen Füßen wirkt es abschwellend und belebend.

467 Trinken, trinken, trinken

Wasser ist an heißen Tagen das A und O. Wer ausreichend trinkt, verhindert, dass bestimmte Probleme überhaupt erst auftreten.

VORSICHT BEI ZECKEN!

In vielen Bereichen Europas können Zecken schwere Erkrankungen und Infektionen verursachen. Umso wichtiger ist es, dass man sich bereits vorab ausreichend schützt.

468 „Schutz"-Kleidung

Sobald man vorhat, ins Grüne zu wandern, sind lange Hosen und Socken, in welche man die Hosenbeine stecken kann, perfekt. Zudem sollte man in Risikogebieten noch ein entsprechendes Schutzspray auftragen.

469 Körper absuchen

Nach jedem Spaziergang heißt es: suchen! Zecken bevorzugen dünne Hautareale wie z. B. Kniekehlen, den Leistenbereich, die Achseln, können sich aber auch an anderen Körperbereichen festbeißen. Wer noch nie eine Zecke gesehen hat: Ohne Blut haben Zecken ungefähr die Größe einer Ameise, sehen allerdings eher wie kleine Spinnen aus. Vollgesogene Zecken sind dagegen kaum zu übersehen, da sie ungefähr so groß wie der Daumenfingernagel werden können.

470 Zecken entfernen

Hat sich eine Zecke erst festgebissen, sollte man sie zügig entfernen. Dabei sind alte Hausmittel wie Klebstoff oder Ähnliches zu vergessen – sie können mehr Schaden anrichten als die Zecke. Ebenso überflüssig ist es, die Zecke im oder gegen den Uhrzeigersin, aus der Haut zu drehen. Am besten eignen sich spezielle Zeckenzangen oder eine Pinzette. Beides setzt man direkt an der Haut an und zieht die Zecke mit Gefühl einfach gerade aus der Haut raus. Das Einzige, worauf man achten sollte, ist, dass man den Zeckenkörper dabei nicht zerquetscht oder die Zecke zerreißt. Darum sollte man die Zecke nicht mit einem Ruck herausziehen, sondern langsam und gleichmäßig. Danach kann man die Stelle noch einmal kurz desinfizieren und den Urlaub weiter genießen.

Kontrollieren Sie nach jedem Spaziergang, ob sich eine Zecke festgebissen hat.

471 Folgesymptome?

Sollte man in den folgenden Tagen bemerken, dass sich ein kreisrunder, roter Fleck um den Zeckenbiss entwickelt oder dieser sogar über den Körper zu wandern beginnt, sollte man umgehend einen Arzt aufsuchen, da es sich dann mit großer Wahrscheinlichkeit um eine Borreliose handelt. Ähnliches gilt für hohes Fieber oder stärkste Kopfschmerzen, Bewusstlosigkeit oder andere deutliche Krankheitssymptome. In diesen Fällen muss man dem Arzt unbedingt mitteilen, dass man vor einigen Tagen von einer Zecke gebissen wurde.

ERSTE HILFE AM CAMPING-FAHRZEUG

Auch ein Van, Bus oder Wohnmobil ist bei längerer Belastung natürlich anfällig für gewisse „Krankheiten". Vor allem auf längeren Camping-Roadtrips durch das Ausland kann es immer mal wieder zu kleinen Pannen kommen. In diesen Fällen ist es natürlich von Vorteil, wenn man sich mit ein paar Tricks und praktischen Produkten selbst weiterhelfen kann. So muss vielleicht der Traum vom Europa-Roadtrip nicht vorzeitig enden und man umgeht auch das Risiko, übermäßig viel Geld in einer unbekannten Werkstatt zu bezahlen. Allerdings möchte ich hier auch betonen, dass die Verkehrstauglichkeit des Fahrzeugs zu jederzeit gegeben sein muss. Sobald man den Heimatort wieder erreicht hat, sollte man den Fehler von einer Fachwerkstatt ausbessern lassen.

472 Dichtmittel

Jeder Camper, der vor einem längeren Roadtrip steht, sollte mindestens eine Tube eines Dichtmittels speziell für Camping-Fahrzeuge an Bord haben. Hiermit lassen sich alle äußeren Fugen oder auch Bohrlöcher nachträglich abdichten. Wenn man also etwa bemerkt, dass die Markisen-Verschraubung nach vielen Jahren undicht geworden ist und Regenwasser durch die Bohrlöcher eintritt, kann man sich mit diesem Mittel kurzfristig sehr gut behelfen. Dichtmittel gibt es in einer dauerhaft flexiblen Variante und in einer Variante, die sehr starr und fest wird, fast wie Klebstoff. Beide Produkte sind online und in gut sortierten Baumärkten bzw. im Camping-Fachhandel erhältlich.

473 Starthilfekabel

Zur Sicherheit lohnt es sich immer, ein Starthilfekabel an Bord zu haben, denn dank der Aufbaubatterien im Reisemobil/Van kann man sich leicht selbst Starthilfe geben. Das Einzige, was man beim Kauf eines solchen Starthilfekabels beachten sollte, ist, eines zu kaufen, das möglichst lange Kabel hat, damit man die Verbindung zwischen Motor- und Aufbaubatterie herstellen kann. Die eigene Starthilfe kann natürlich nur funktionieren, wenn die Wohnraumbatterie auch noch ausreichend Power hat. Sollte die Aufbaubatterie nach

Wenn das Fahrzeug nicht anspringt, ist Starthilfe vonnöten.

einigen schönen Camping-Tagen ebenfalls leer sein, hilft nur das Nachfragen beim Camping-Nachbarn oder der Anruf beim Pannendienst.

474 Starthilfe geben

Um sich selbst Starthilfe zu geben, geht man wie folgt vor:

- ⚙ Die eine Seite der roten Klemme auf den Pluspol der Aufbaubatterie setzen, die andere auf den Pluspol der Starterbatterie (in diesem Fall die leere Batterie).
- ⚙ Dann erfolgt dasselbe mit dem schwarzen Kabel: Es wird erst auf den Minuspol der Aufbaubatterie geklemmt, dann das Ende mit dem Minuspol der leeren Batterie im Motorraum verbunden.
- ⚙ Achten Sie darauf, dass alle vier Polklemmen fest sitzen. Dann Zündung und Motor anschalten – wenn das Fahrzeug läuft, ist alles wunderbar.
- ⚙ Danach sollten Sie den Motor mindestens 45 Minuten laufen lassen, d. h. wenn Sie die Klemmen nach der Starthilfe entfernen, unbedingt den Motor weiter laufen lassen, nicht direkt wieder ausstellen.
- ⚙ Sollte es mehrfach vorkommen, dass das Fahrzeug nicht anspringen möchte, kann man davon ausgehen, dass die alte Batterie nicht mehr gut funktioniert. Dann sollte man sich langfristig unbedingt für eine neue Batterie entscheiden, gerade weil die Kosten für eine normale, einfache Blei-Säure-Batterie relativ überschaubar sind. Ein Roadtrip, bei dem man jeden Morgen weiß, dass man nicht ohne Weiteres losfahren kann, lässt keine entspannte Urlaubsstimmung aufkommen.

Ein gutes Klebeband kann bei Beschädigungen Wunder wirken.

475 Undichte Fenster

Im Boots-, Kfz- und Camping-Fachhandel kann man ein spezielles Klebeband mit einer integrierten Dichtmasse, ähnlich wie Knetgummi, käuflich erwerben. Eine Rolle dieses Klebebandes sollte vor langen Touren unbedingt mit an Bord. Sollte es unterwegs zu Undichtigkeiten im Bereich der Dachfenster oder Ähnlichem kommen, kann man diesen Bereich einfach und unproblematisch dank des Klebebandes abdichten. Zur Not funktioniert das behelfsmäßige Abdichten der Dachfenster auch mit einer Kombination aus Klebeband und der gold-silbernen Rettungsdecke, allerdings lässt sich das Dachfenster dann nicht mehr öffnen.

476 Beschädigungen

Ein gutes Klebeband bzw. Gaffa-Tape sollte ebenfalls immer mit an Bord sein; so lassen sich viele kleine Beschädigungen wie z. B. ein schmaler Riss innerhalb der Stoßstange oder ein Loch im Markisentuch leicht reparieren.

477 Riss im Markisenstoff

Einen Riss im Markisentuch kann man auch mit einem Heißklebestick und einem Feuerzeug flicken. Dazu einfach den Klebestab mit dem Feuerzeug erwärmen und den Riss mit dem heißen Klebstoff abdichten. Das hält sehr gut und lässt keinen Regen durch.

478 Wasser für die Scheibenwischanlage

Sollte man einmal kein Wischwasser im Tank haben, dies aber aufgrund der Witterung dringend benötigen, kann man natürlich auch jedes andere stille Wasser nutzen, zur Not sogar ganz normales stilles Mineralwasser. Achten Sie aber bitte darauf, keinerlei Reinigungsmittel wie z. B. Spülmittel mit in den Tank zu füllen, sondern es bei dem reinen Wasser zu belassen.

479 Motoröl nachfüllen

Vor allem bei älteren Fahrzeugen ist es unbedingt nötig, den Motorölstand regelmäßig zu überprüfen und gegebenenfalls das passende Motoröl nachzufüllen. Ohne passenden Trichter entwickelt sich das Nachfüllen allerdings häufig zu einem Problem, und verschüttetes Öl im heißen Motorraum kann schnell eine erhebliche Rauchentwicklung fördern. Mit einem einfachen Schraubenzieher kann man sich hier aber leicht behelfen. Nehmen Sie den Schraubenzieher, halten Sie ihn direkt über den Einfüllstutzen und lassen Sie das Motoröl langsam und vorsichtig am Schraubenzieher entlanglaufen. So haben Sie den Fluss des Öls viel besser unter Kontrolle und können das Motoröl sauber nachfüllen.

480 Kaputte Scheiben abdichten

In sehr abgelegenen Regionen mit schlechten Straßenverhältnissen kann man schnell ein Problem bekommen, wenn eine Seitenscheibe oder ein Fenster beschädigt wird. Bis in diese Regionen kommt kein mobiler Reparaturservice. Wenn man keine ausreichend große Folie oder Mülltüte an Bord hat, kann man sich ganz gut mit einem Teil der gold-silbernen Rettungsdecke samt Klebeband behelfen. Sollte man auch all dies nicht an Bord haben, so funktioniert im absoluten Notfall eine doppelte Lage Frischhaltefolie, bis man den nächstgelegenen Ort erreicht hat.

481 Anschieben

Camper sind eigentlich sehr, sehr hilfsbereit. Sollte man also mal nicht von der Stelle kommen bzw. sich festgefahren haben, fragen Sie einfach freundlich Ihre Nachbarn. Und wenn es ans Schieben geht: bitte die Handbremse lösen.

482 Festgefahren? Das sollten Sie dabeihaben!

Es passiert leider schneller, als man denkt. Manchmal reicht schon eine regnerische Nacht auf einer Campingwiese, und am nächsten Morgen fährt man sich fast automatisch in der nassen Wiese fest. Wer eine Offroad-Tour plant, sollte deshalb unbedingt einen Klappspaten, Sandbleche und einen ausreichend starken Wagenheber an Bord haben. Selbst sehr, sehr erfahrene Camper haben sich schon auf matschigen Pisten festgefahren.

483 Festgefahren? Tipp 1

Zunächst sollte man vorsichtig und mit viel Gefühl mit dem zweiten bzw. dem Rückwärtsgang versuchen loszufahren. Kann man sich so befreien, sollte man ganz vorsichtig und gleichmäßig weiter über die Wiese rollen, ohne zu stoppen, bis man festen Untergrund erreicht hat. Bemerkt man allerdings, dass die Reifen durchdrehen, bitte sofort aufhören, denn so gräbt man sich nur noch tiefer in die Erde ein.

484 Festgefahren? Tipp 2

Sollte Ihr erster Fahrversuch keinen Erfolg gehabt haben, sollten Sie die nun folgenden Tipps Schritt für Schritt ausprobieren: Versuchen Sie als Erstes, jemanden zu finden, der das Fahrzeug anschiebt.

485 Festgefahren? Tipp 3

Vorsichtig Zentimeter für Zentimeter vor und zurück schaukeln, dann mit Schwung aus dem Loch und vorsichtig, langsam und gleichmäßig weiter über die Wiese fahren.

486 Festgefahren? Tipp 4

Versuchen Sie, mehr Grip unter die antreibenden Räder zu bekommen. Wenn Sie Sand- oder Schneebleche dabeihaben, nutzen Sie natürlich diese, ansonsten haben sich auch schon alte Handtücher, Fußmatten oder Vorzeltteppiche als sehr hilfreich erwiesen. Im Handel gibt es spezielle, dünne, faltbare Matten, welche man unter die Reifen legen kann. Diese sind leicht und nehmen

Nach Gewitterstürmen können nicht nur Zelte im Wasser stehen; auch Campingfahrzeuge fahren sich oft in weichen Untergründen fest.

kaum Platz weg. Wer Wiesenplätze oder Wildcampen bevorzugt, sollte sich diese Matten anschaffen. Hat man nichts davon an Bord, kann man es auch mit Laub und Stöcken versuchen. Besonders effektiv ist dieser Versuch, wenn gleichzeitig jemand anschieben kann.

487 Festgefahren? Tipp 5

Liegen vielleicht die Schneeketten vom Winter noch im Van? Diese können wahre Wunder bewirken und erzeugen so viel Grip, dass man schnell und einfach von der Wiese kommt.

488 Festgefahren? Tipp 6

Hat selbst das Unterlegen verschiedener Materialien nicht geholfen, muss man abwägen, in welcher Lage man sich befindet: In der Zivilisation oder sogar auf einem Campingplatz sollte man die Betreiber um Hilfe bitten. Meist haben Campingplatz-Besitzer einen eigenen Trecker oder kennen den Bauern nebenan, sodass dieser einen (gegen ein kleines Trinkgeld) von der Wiese ziehen kann, ohne dass man diese vollkommen zerstört. Ähnliches gilt auch für den ADAC. Vielleicht gibt es aber auch freundliche Mitcamper mit einem Allradfahrzeug in der Nähe?

489 Festgefahren? Tipp 7

Befindet man sich aber weit ab vom Schuss und kann keine direkte Hilfe erwarten, bleibt nur mehr körperliche Arbeit. Sie müssen zum Spaten greifen und die Räder freilegen bzw. eine Rampe bauen, über die Sie dann vorsichtig und gleichmäßig von der Wiese kommen.

490 Festgefahren? Tipp 8

Sollte man bereits mit dem halben Fahrwerk feststecken, hilft meist nur noch der Griff zum Wagenheber. Dank diesem kann man das komplette Rad ein Stück anheben, Äste, Matten usw. unterlegen und so auf eine ausreichende Höhe kommen, damit das Fahrwerk wieder frei ist.

491 Grip durch Katzenstreu

In vielen Outdoor- und Offroad- Foren liest man immer wieder von der magischen Hilfe des Katzenstreus. Gerade wenn der Untergrund sehr feucht ist, kann Katzenstreu Wunder bewirken und den Reifen den nötigen Grip verleihen.

492 Nie auf privaten Grundstücken übernachten

Da die Gefahr des Festfahrens bei einem normalen Reisemobil ohne Allrad relativ hoch ist, sollte man damit niemals einfach so auf privaten Wiesen oder Feldern übernachten. Viele Bauern haben sich über das unmögliche Verhalten wild stehender Camper geärgert, weil diese ihre Felder oder Wiesen ruiniert haben.

Das Campen auf privaten Grundstücken ist grundsätzlich verboten.

ERSTE HILFE AM HUND

Wer mit seinem Hund unterwegs ist, muss im Vorfeld auch an Erste-Hilfe-Maßnahmen für seinen Gefährten denken, um im Ernstfall schnell und adäquat reagieren zu können.

493 Puls fühlen

Den Puls bei Hunden kann man relativ einfach in der Leiste, also auf der Innenseite der Hinterbeine, fühlen. Dazu nicht den Daumen verwenden, sondern Zeige- und Mittelfinger.

Große und mittelgroße Hunde haben einen Ruhepuls von 80 bis 100, kleinere Rassen eher von 100 bis 120. Bei einem Sonnenstich etwa wird der Puls des Hundes erst rasend schnell, wenn es dem Hund dann aber schlechter geht, wird der Puls langsam und ist kaum noch spürbar.

494 Kreislauf überprüfen

Den Kreislauf des Hundes kann man relativ einfach am Zahnfleisch überprüfen. Das Zahnfleisch eines Hundes ist im Normalfall rosa bis dunkelrosa gefärbt. Drückt man mit dem Daumen auf das Zahnfleisch, nimmt der dadurch entstehende helle Fleck sofort wieder die normale Zahnfleischfarbe an. Wenn der Kreislauf des Hundes abfällt, wird das Zahnfleisch nicht mehr gut durchblutet, es wird heller und blasser und der helle Druckpunkt nimmt nur ganz langsam die normale Farbe wieder an. Dies kann z. B. durch hohen Blutverlust oder andere Kreislauf- Einschränkungen entstehen. In so einem Fall sollte man sofort den nächsten Tierarzt aufsuchen.

495 Selbstklebende Bandagen

Ganz gleich ob Urlaub oder Alltag, es kann jederzeit zu kleinen oder größeren Verletzungen kommen. In so einem Fall haben selbsthaftende Bandagen einen Riesenvorteil. Sie sitzen deutlich fester und halten auch den meisten Bewegungen des Hundes stand.

Wenn Hunde unter dem heißen Sand leiden, können Hundeschuhe oder ein selbst gemachter Pfotenschutz Abhilfe schaffen.

496 Hundeschuhe

Nein, es geht nicht um irgendwelche New Yorker Hündchen, die in Hunde-schühchen gesteckt werden, sondern um eine Erste-Hilfe-Maßnahme, die einen Urlaub retten kann. Hundepfoten sind im Urlaub vielen Strapazen ausgesetzt: Der heiße Sand, scharfe Muscheln, Geröll und Steinchen lassen Pfotenverletzungen schnell entstehen. Genau für solche Fälle kann es eine wertvolle Hilfe sein, wenn man vorab einen passenden Hundeschuh gekauft hat. So kann der Hund auch weiterhin Strand, See und Berge mit der ganzen Familie genießen.

497 DIY-Pfotenschutz

Vor allem im Hochsommer ist der Sand an Strand und Seebädern unheim-lich heiß – viel zu heiß jedenfalls, um barfuß über den Strand zu laufen. Auch unsere Hunde bekommen bei dem warmen Untergrund schnell Probleme. Abhilfe können ganz einfache Babysöckchen schaffen, die man dem Hund bis zur Wassergrenze anzieht (und dort natürlich wieder aus) – eine schnelle und kostengünstige Hilfe.

DIE CAMPER-REISEAPOTHEKE

Eine gute Reiseapotheke ist für einen gelungenen Camping-Urlaub fast unerlässlich und sollte mehr als eine Packung Pflaster und eine Kopfschmerztablette enthalten.
Wer mit dem Camper-Van am Straßenverkehr teilnimmt, muss fit sein; selbst ein verstauchter Knöchel kann da schon sehr hinderlich sein. Zudem ist die ärztliche Hilfe in vielen Ländern bei Weitem nicht so gut wie in Deutschland.

498 Die Mindestausstattung

Jede Camper-Reiseapotheke sollte mindestens folgende Dinge beinhalten:

- ein gutes, allgemeines Schmerzmittel
- Medikamente gegen Übelkeit und Durchfall
- Reisekaugummis
- Desinfektionsmittel
- sterile Wundauflagen, Mullbinden, feste Bandagen
- ein gutes Pflaster
- Blasenpflaster
- ein Gel gegen Sonnenbrand und Mückenstiche
- eine Zeckenzange
- eine Pinzette
- Cool-Gel-Pads
- eine Wärmflasche
- bekannte Medikamente

499 Speziell für Kinder

- Fiebersaft oder Zäpfchen
- Fieberthermometer
- nicht brennendes Desinfektionsmittel
- Fencheltee

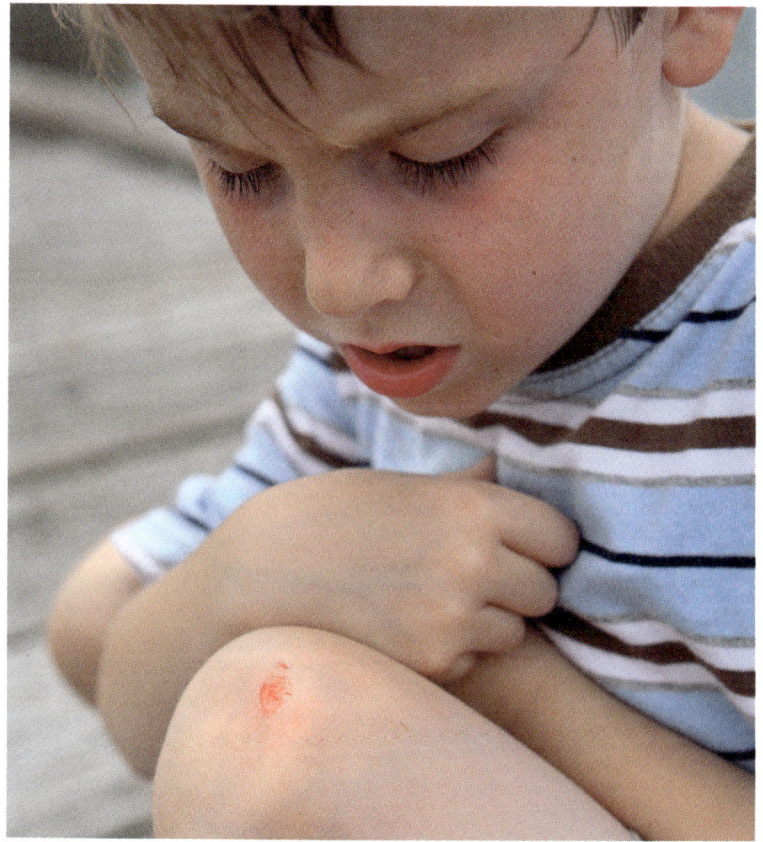

Für solche Fälle sollten Sie immer gerüstet sein.

500 Kein Muss, aber empfehlenswert

- ⚙ Elektrolyte-Pulver
- ⚙ Klammerpflaster
- ⚙ Minzöl
- ⚙ wasserfeste Pflaster

REGISTER

REGISTER

ÜBER DIE AUTORIN

Isabel Speckmann wurde 1984 in Dortmund geboren und lebt bis heute zusammen mit ihrer Hündin Milla im Herzen des Ruhrgebietes. Nach ihrem Abitur studierte sie Physiotherapie und arbeitete zunächst auch in diesem Beruf, bis sich ihr Alltag durch eine schwere Erkrankung von Grund auf änderte. Es folgten viele Monate in unterschiedlichen Kliniken – zwischenzeitlich war Isabel Speckmann auf einen Rollstuhl angewiesen.

Dieser und weitere Schicksalsschläge machten ihr bewusst, das Leben nur bedingt planbar ist. Dennoch war die Vorstellung, ihr restliches Leben zwischen Arztterminen und Krankenhausaufenthalten zu verbringen, das Letzte, was sie wollte – und so begann sie, noch im Rolli sitzend, ihre Zukunft zu planen: Sobald sich ihr Gesundheitszustand verbessern sollte, würde sie sich ihren Traum von einem kleinen Reisemobil erfüllen. Und nach einer langwierigen, aber erfolgreichen Therapie – Isabel Speckmann kann zumindest wieder laufen – setzte sie diesen Wunsch in die Realität um.

Ohne jegliche Erfahrung, dafür mit umso mehr Abenteuerlust, begann ihre Zeit als alleinreisende Camperin. Jeden Abend klingelte das Telefon pausenlos, schließlich machten sich Familie und Freunde Sorgen um die chronisch kranke Isa, die nur mit einem unbekannten Wohnmobil durch Europa reiste. Da die stundenlangen, immer wieder ähnlich ablaufenden Telefonate aber so gar nicht zu ihrem Roadtrip-Traum passten, begann die Autorin, ihre Erfahrungen und Erlebnisse in einem Blog niederzuschreiben, um ihr Umfeld über ihren Reisealltag zu informieren ... es war der Beginn von „IsasWomo"-Blog.

Schnell wurde deutlich, dass immer mehr Menschen an ihren Anfänger-Camping-Erlebnissen Interesse hatten, sodass aus einem ursprünglichen Hobby-Blog eine regelmäßige, ständig wachsende Informationsplattform für Alleinreisende, Paare und Camper auf vier Pfoten wurde. Mittlerweile kann Isa auf viele Jahre an Erfahrung als Camperin zurückblicken und ihr Blog über aktuelle Camping-Trends, empfehlenswerte Touren und Tipps für den Roadtrip im In- und Ausland zählt zu den Top 20 der deutschsprachigen Reiseblogs. Das vorliegende Buch „500 Camper-Hacks" enthält die gesammelten Erfahrungen ihrer „Womo"-Touren.

Ebenfalls erhältlich ...

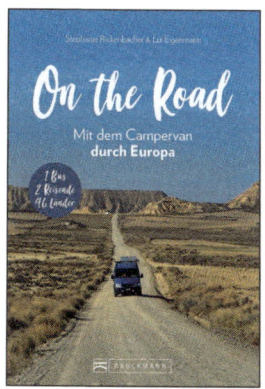

ISBN 978-3-7343-1592-3

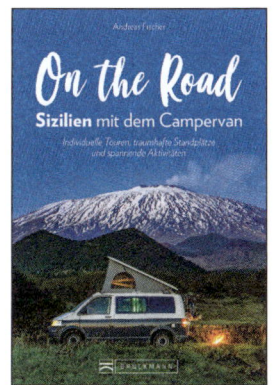

ISBN 978-3-7343-1275-5

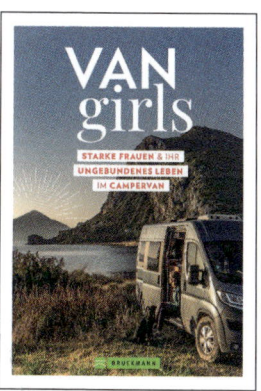

ISBN 978-3-7343-1577-0

ISBN 978-3-7343-1468-1

BRUCKMANN

www.bruckmann.de

IMPRESSUM

Verantwortlich: Kerstin Thiele
Lektorat: Helga Peterz
Layout: Helen Garner
Repro: LUDWIG:media
Herstellung: Anna Katavic, Barbara Uhlig
Printed in Slovenia by Florjancic

> ★★★★★
>
> Sind Sie mit diesem Titel zufrieden? Dann würden wir uns über Ihre Weiterempfehlung freuen. Erzählen Sie es im Freundeskreis, berichten Sie Ihrem Buchhändler, oder bewerten Sie bei Onlinekauf. Und wenn Sie Kritik, Korrekturen oder Aktualisierungen haben, freuen wir uns über Ihre Nachricht an Bruckmann Verlag, Postfach 40 02 09, D-80702 München oder per E-Mail an lektorat@verlagshaus.de.

Unser komplettes Programm finden Sie unter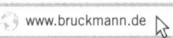

Alle Angaben dieses Werkes wurden von der Autorin sorgfältig recherchiert und auf den neuesten Stand gebracht sowie vom Verlag geprüft. Für die Richtigkeit der Angaben kann jedoch keine Haftung übernommen werden, weshalb die Nutzung auf eigene Gefahr erfolgt. Insbesondere bei GPS-Daten können Abweichungen nicht ausgeschlossen werden. Sollte dieses Werk Links auf Webseiten Dritter enthalten, so machen wir uns die Inhalte nicht zu eigen und übernehmen für die Inhalte keine Haftung.

In diesem Buch wird aus Gründen der besseren Lesbarkeit das generische Maskulinum verwendet. Weibliche und anderweitige Geschlechteridentitäten werden dabei ausdrücklich mitgemeint, soweit es für die Aussage erforderlich ist.

Bildnachweis: Alle Bilder sind von der Autorin, außer
Shutterstock: S. 7/8: sebra; S. 9: Zdravinjo; S. 11: New Africa; S. 14: Pabkov; S. 15: Nongnuch_L; S. 17: Vintage Tone; S. 21: pryzmat; S. 40/41: Lucky Business; S. 43: wavebreakmedia; S. 47: Dezajny; S. 51: Predrag Milosavljevic; S. 52/53: Rudmer Zwerver; S. 55: Aleksey Korchemkin; S. 58: Astrid Gast; S. 66: Dan Race; S. 71: Maria Fro; S. 77: SCK_Photo; S. 83: Altitude Drone; S. 89: Andrey Armyagov; S. 90: JurateBuiviene; S. 93: Everyonephoto Studio; S. 108: Robert Kneschke; S. 109: Delpixel; S. 111: Sokolova Maryna; S. 112/113: Daniel Myjones; S. 115: Andrey Armyagov; S. 144: PhotoRK; S. 145: wavebreakmedia; S. 147 o.: IkeHayden; S. 147 u.: welcomia; S. 150: claudia kobold; S. 152/153: Monkey Business Images; S. 155: Happy_Nati; S. 156 o.: Tropical studio; S. 156 u.: Jose Luis Carrascosa; S. 159: New Africa; S. 160: SpeedKingz; S. 163: zhukovvvlad; S. 164: gorillaimages; S. 167: welcomia; S. 177: KAMONRAT; S. 182: Rawpixel.com; S. 185: Julian Dewert; S. 189: ZARIN ANDREY; S. 194/195: Ekaterina_Molchanova; S. 200/201: stockcreations; S. 205: Heiko Barth; S. 207: CC7; S. 208: eter Ekvall; S. 211: footageclips; S. 213: fokke baarssen; S. 217: Suzanne Tucker
Umschlagvorderseite: www.foreverelsewhere.com, Cleo Codrington/Mitch Cox
Umschlagrückseite gestaltet von Helen Garner unter Verwendung folgender Bilder:
shutterstock: u. l. lucky business, o. m. zhukovvvlad, re. fokke baarssen und o. l. von der Autorin

Die Deutsche Nationalbibliothek verzeichnet diese Publikation in der Deutschen Nationalbibliografie; detaillierte bibliografische Daten sind im Internet über http://dnb.d-nb.de abrufbar.

3. Auflage 2021
© 2020 Bruckmann Verlag GmbH, München, Infanteriestraße 11a, 80797 München
ISBN 978-3-7343-1278-6